Worldwide Acclaim for Sudoku

"Diabolically addictive."
 —*New York Post*

"A puzzling global phenomenon."
 —*The Economist*

"The biggest craze to hit *The Times* since the first crossword puzzle was published in 1935."
 —*The Times* of London

"The latest craze in games."
 —BBC News

"Sudoku is dangerous stuff. Forget work and family—think papers hurled across the room and industrial-sized blobs of correction fluid. I love it!"
 —*The Times* of London

"Sudoku are to the first decade of the twenty-first century what Rubik's Cube was to the 1970s."
 —*The Daily Telegraph*

"Britain has a new addiction. Hunched over newspapers on crowded subway trains, sneaking secret peeks in the office, a puzzle-crazy nation is trying to slot numbers into small checkerboard grids."
 —Associated Press

"Forget crosswords."
 —*The Christian Science Monitor*

Also Available

Sudoku Easy Presented by Will Shortz, Volume 1
Sudoku Easy to Hard Presented by Will Shortz, Volume 2
Sudoku Easy to Hard Presented by Will Shortz, Volume 3
The Ultimate Sudoku Challenge Presented by Will Shortz
Sudoku for Your Coffee Break Presented by Will Shortz
Sudoku to Boost Your Brainpower Presented by Will Shortz
Will Shortz Presents Sun, Sand, and Sudoku
Will Shortz's Favorite Sudoku Variations
Kakuro Presented by Will Shortz
Will Shortz Presents Easy Kakuro
Will Shortz Presents Simple Sudoku, Volume 1
Will Shortz Presents Sudoku for Stress Relief
Will Shortz Presents Sudoku for Your Bedside
Will Shortz Presents Quick Sudoku, Volume 1
Will Shortz Presents Sudoku for Stress Relief
Will Shortz Presents Sudoku for Your Bedside
Will Shortz Presents Easiest Sudoku
Will Shortz Presents Fitness for the Mind Sudoku
Will Shortz Presents Sudoku for a Sunday Morning
Will Shortz Presents Sudoku for a Lazy Afternoon
Will Shortz Presents The First World Sudoku Championship
Will Shortz Presents Simple Sudoku, Volume 2
Will Shortz Presents The Monster Book of Sudoku for Kids
Will Shortz Presents Stress-Buster Sudoku
Will Shortz Presents Sudoku for Your Vacation
Will Shortz Presents Ultra Easy Sudoku
Will Shortz Presents Ready, Set, Sudoku
Will Shortz Presents Sudoku for Dads
Will Shortz Presents Sudoku for Your Lunch Hour
Will Shortz Presents Sudoku by the Sea
Will Shortz Presents Coffee, Tea, or Sudoku
Will Shortz Presents Starter Sudoku
Will Shortz Presents Jungle Book of Sudoku for Kids
Will Shortz Presents The Joy of Sudoku
Will Shortz Presents Rise and Shine Sudoku
Will Shortz Presents Seduced by Sudoku
Will Shortz Presents Puzzles from the World Sudoku Championship

For Sudoku Lovers: 300 Puzzles in Just One Book!

The Giant Book of Sudoku Presented by Will Shortz
Will Shortz Presents The Monster Book of Sudoku
Will Shortz Presents The Super-Colossal Book of Sudoku
Will Shortz Presents The Big Book of Easy Sudoku

Try These Convenient, Portable Volumes

Pocket Sudoku Presented by Will Shortz, Volume 1
Pocket Sudoku Presented by Will Shortz, Volume 2
Pocket Sudoku Presented by Will Shortz, Volume 3
Pocket Sudoku Presented by Will Shortz, Volume 4
Summertime Pocket Sudoku Presented by Will Shortz
Summertime Pocket Kakuro Presented by Will Shortz

WILL SHORTZ PRESENTS
SUDOKU

for 365 Days

A YEAR OF EASY-TO-HARD PUZZLES

INTRODUCTION BY
WILL SHORTZ

PUZZLES BY
PZZL.COM

ST. MARTIN'S GRIFFIN
NEW YORK

The puzzles in this volume have previously appeared in *Will Shortz Presents Sudoku for Dads, Will Shortz Presents The Joy of Sudoku, Will Shortz Presents Sudoku for Your Lunch Hour,* and *Will Shortz Presents Seduced by Sudoku.*

WILL SHORTZ PRESENTS SUDOKU FOR 365 DAYS. Copyright © 2007 by Will Shortz. All rights reserved. Printed in the United States of America. No part of this book may be used or reproduced in any manner whatsoever without written permission except in the case of brief quotations embodied in critical articles or reviews. For information, address St. Martin's Press, 175 Fifth Avenue, New York, N.Y. 10010.

www.stmartins.com

ISBN-13: 978-0-312-37840-0
ISBN-10: 0-312-37840-8

10 9 8 7 6 5 4 3 2

Introduction

Throughout the history of puzzles and games, many of the biggest successes have come as complete surprises, because they've broken all the "rules."

Parker Bros. famously turned down the rights to the game Monopoly in 1934, because it had "52 design errors." It was too complicated, they said, it had too many pieces, and it took too long to play. So the inventor, Charles B. Darrow, produced and sold 5,000 handmade copies of Monopoly, they quickly sold out, and—once Parker Bros. finally bought the rights—it became the biggest game hit of 1935.

Similarly, the "experts" initially pooh-poohed Scrabble, Trivial Pursuit, crossword puzzles, and many other game and puzzle successes over the years.

Hardly anyone thought sudoku would be popular when it was introduced in Britain in late 2004 and the U.S. in 2005. The public was not interested in number puzzles, according to conventional wisdom. Yet we all know what happened. In less than a year, sudoku has become one of the most popular puzzles in history. Virtually every newspaper has made room for a daily sudoku, sudoku books have been bestsellers for six straight months, and sudoku tournaments have been held across the country and around the world. Language Report named "sudoku" the Word of the Year for 2005.

The craze goes on, and, to everyone's surprise, shows little sign of abating.

What's So Great About Sudoku?
The appeal of sudoku comes partly from the simplicity of the rules, which can be stated in a single sentence, and the compactness of the grid, just 9×9 squares—combined with some unexpectedly subtle logic. Even longtime enthusiasts may not understand all the techniques needed to work it. Sudoku packs a lot of punch for so small a feature.

Sudoku is a flexible puzzle. It can be easy, moderate, or hard, and you can select the level according to your skills and mood. And the amount of time needed to solve one—generally between 10 and 30 minutes, for most people for most puzzles—is about perfect in order to feed a daily addiction. If sudoku took less time, it wouldn't pose enough challenge, and if it took more, you might lose interest or simply not be able to fit sudoku into your schedule.

Like crosswords, sudoku puzzles have blank squares that are inviting to fill in. It's said nature abhors a vacuum. We as human beings seem to have a natural compulsion to fill up empty spaces. A sudoku addict has difficulty turning a page that has empty puzzle squares begging to be completed.

Sudoku also provides an appealing rhythm of solving. Generally the first few numbers are easy to enter. Then, in the harder examples at least, you can get stymied and maybe a bit frustrated. Once you make the critical breakthrough (or breakthroughs), though, the final numbers can come quickly, giving you a rush and a heady sense of achievement—often tempting you to start another sudoku immediately. Hence the addictiveness of sudoku, which is the "crack cocaine" of puzzles.

New Challenges

On the following pages are 365 sudoku puzzles rated light and easy (#1–#120), moderate (#121–#215), demanding (#216–#290) and very challenging (#291–#365). Every one has been checked, rechecked, and then re-rechecked to ensure that it has a unique solution, and that it can be solved using step-by-step logic. You never have to guess here.

As usual, all the puzzles in this book were created by my colleague Peter Ritmeester and the staff of PZZL.com.

Try them. And as one correspondent wrote me recently, you, too, will go "sudoku kuku."

—Will Shortz

How to Solve Sudoku

A sudoku puzzle consists of a 9 × 9-square grid subdivided into nine 3 × 3 boxes. Some of the squares contain numbers. The object is to fill in the remaining squares so that every row, every column, and every 3 × 3 box contains each of the numbers from 1 to 9 exactly once.

Solving a sudoku puzzle involves pure logic. No guesswork is needed—or even desirable. Getting started involves mastering just a few simple techniques.

Take the example on this page (in which we've labeled the nine 3 × 3 boxes A to I as shown). Note that the boxes H and I already have 8's filled in, but box G does not. Can you determine where the 8 goes here?

5	8	6					1	2
				5	2	8	6	
2	4		8	1				3
			5		3		9	
				8	1	2	4	
4		5	6			7	3	8
	5		2	3			8	1
7					8			
3	6				5			

A	B	C
D	E	F
G	H	I

The 8 can't appear in the top row of squares in box G, because an 8 already appears in the top row of I—and no number can be repeated in a row. Similarly, it can't appear in the middle row of G, because an 8 already appears in the middle row of H. So, by process of elimination, an 8 must appear in the bottom row of G. Since only one square in this row is empty—next to the 3 and 6—you have your first answer. Fill in an 8 to the right of the 6.

Next, look in the three left-hand boxes of the grid, A, D, and G. An 8 appears in both A and G (the latter being the one you just entered). In box A, the 8 appears in the middle column, while in G the 8 appears on the right. By elimination, in box D, an 8 must go in the leftmost column. But which square? The column here has two squares open.

The answer is forced by box E. Here an 8 appears in the middle row. This means an 8 cannot appear in the middle row of D. Therefore, it must appear in the top row of the leftmost column of D. You have your second answer.

In solving a sudoku, build on the answers you've filled in as far as possible—left, right, up, and down—before moving on.

For a different kind of logic, consider the sixth row of numbers—4, ?, 5, 6, ?, ?, 7, 3, 8. The missing numbers must be 1, 2, and 9, in some order. The sixth square can't be a 1, because box E already has a 1. And it can't be a 2, because a 2 already appears in the sixth column in box B. So the sixth square in the sixth row has to be a 9. Fill this in.

Now you're left with just 1 and 2 for the empty squares of this row. The fifth square can't be a 1, because box E already has a 1. So the fifth square must be a 2. The second square, by elimination, has a 1. Voilà! Your first complete row is filled in.

Box E now has only two empty squares, so this is a good spot to consider next. Only the 4 and 7 remain to be filled in. The leftmost square of the middle row can't be a 4, because a 4 already appears in this row in box F. So it must be 7. The remaining square must be 4. Your first complete box is done.

One more tip, and then you're on your own.

Consider 3's in the boxes A, B, and C. Only one 3 is filled in—in the third row, in box C. In box A you don't have enough information to fill in a 3 yet. However, you know the 3 can't appear in A's bottom row, because 3 appears in the bottom row of C. And it can't appear in the top row, because that row is already done. Therefore, it must appear in the middle row. Which square you don't know yet. But now, by elimination, you do know that in box B a 3 must appear in the top row. Specifically, it must appear in the fourth column, because 3's already appear in the fifth and sixth columns of E and H. Fill this in.

Following logic, using these and other techniques left for you to discover, you can work your way around the grid, filling in the rest of the missing numbers. The complete solution is shown below.

5	8	6	3	7	4	9	1	2
1	3	7	9	5	2	8	6	4
2	4	9	8	1	6	5	7	3
8	7	2	5	4	3	1	9	6
6	9	3	7	8	1	2	4	5
4	1	5	6	2	9	7	3	8
9	5	4	2	3	7	6	8	1
7	2	1	4	6	8	3	5	9
3	6	8	1	9	5	4	2	7

Remember, don't guess. Be careful not to repeat a number where you shouldn't, because a wrong answer may force you to start over. And don't give up. Soon you'll be a sudoku master!

SEARCHING FOR MORE SUDOKU?

PICK UP ONE OF WILL SHORTZ'S BESTSELLING BOOKS

8	3			5			7	4
	7	4	3				6	9
		9		4		8		5
4		8	6	7			5	3
		5		2	3		1	
	1				5	4		
	4	1	5	3		6		
2	5		7		4	3	9	
9		3		6				7

2	6			5		8		
		1			6			2
			2	4	1	3		7
	2	8	3	9		7		6
	3							
		9			8	4	2	3
	8	2	6	3	9		5	
9	5	4	1			6		
6		3		8		2		9

	8	1	4		9	6		5
		5		2	3	4	9	1
			6				8	3
8	3			5			4	
			3			1		8
	2	9			8	5		
	4	8	2	3		9	1	
	6		9					2
9	1				7		6	

2	8	9	4			3		
3					9	1		
1	4		2		3	9	8	
	3		1		5		4	8
8	9	2		4				
		1	3	8		6		
		4	6	2	8			3
	2			7		8	1	
	7		5				6	

				8		3	9	5
				2			4	7
		3	7				6	2
			9	1	8		3	
		6			4		1	
			2	6		5		4
7				4		6		
9	6	4	8	3		7		
	8	5	6		7	4	2	3

7	8							
5		1				2	9	8
9	3			4	5	6		
1	5				6	7	8	4
6				9				5
		8		5	4		6	
	6	7				8	5	
	1		9		2		3	7
4			5		7			

	7		6			5		
4			7	2		8		
9		2					6	
7		3		6		2		
	8	4		7				1
1	2			4	9	3	7	8
6			8			9	1	
					7	4	8	6
8	3					7		2

	5		9		1		4	
		3		7		6	1	5
1			8		6		7	
		9	5			8	3	1
	1				8			
5		8	7	1				
	6						5	4
3				8	7		6	2
4			6	2		9		3

8				3				
	1	7	2	9		6		
3					7		4	
	9		4		1	7	5	
	7	1		6	8			9
4	5		9			1		
	8	6		5	2		1	4
	3			8		2		
	2				9	8		

Light and Easy

1	2	5			8	4	9	3
	3	8				7		
		4	5				8	1
3		1		8	9		2	
5					3			9
			7	1	5	8		
			1	2	6			
	4		3			9	1	8
							6	5

		7	9		3			
	3			1		9	8	
	1	9	8		2	7	3	
		3	7				9	8
4			1			3	5	
			3	4				7
6	9			8				
7	2			3				9
		1		7		2		

12 Light and Easy

7	3		8				6	
	2	8	1					5
	9				6		2	
		2			3			4
		3		6			9	
	6	5	7		1		8	
						9	7	
		9		2	7			
2	1	7	9	8	4			

						5		7
						8		
7		6	8	1			4	2
6		8	5		4	2		
			7	3	1	6		8
1								4
	8	7	4	2		1		
5	6					7	2	3
	9							5

7		6	5		8		4	
		4	7	1				6
			4	9		7	5	
2	8							
	6			5			7	3
5	3				9			8
		3					1	2
						6		
	7		3	6	1	5		

1	4			3				2
2				8		6		
6		8	5		9	4		3
	1	4	2		3			
5		6						
3				4				
		9	3					4
				7	5	2		8
	3		8			5	6	

16. Light and Easy

		7			5		4	
6				8		1		
	2	1	3	7			5	
		4			7			6
				6			1	
	6			3	4	2	8	
		8		9		7		3
	9	6	7				2	1
					6			

		3			7			
2				1		8		
1		7		3		6	9	
	3			7				
	2						6	
5				6	9	1		4
				2	8		1	
3	5			4			7	8
		2	7			9	4	

18   Light and Easy

		1				3		
6	4					5	8	2
7	2	5					4	
				1				
			6	3	9	8	2	5
		6			5			4
	7	2		9	8			3
	5	9						1
	6					2		

	8		7	1	9			
					8	7		3
							8	
8	1	4	5					
	9		1					
	5			2		3		1
9		1		4				
		6	9		1	2		4
5			3		2		6	

		8			4	2	7	
		4	7			8		3
5	7					6		
	9	5				3	4	
4			5				6	
7	6				2			
3					5			
		9	2				1	
		6	9	7				8

7		5					1	
2		6				7		
1					2	4	6	3
3	5	4		7	9			
		8			3			
					8		4	
8		3		6			7	
		7			1	8		
	2				9			

	5			2				4
			5			8		9
	2		9	8			7	
	1	3				9	8	6
								5
	8	6	1				3	7
					3		5	
1					9	4		
8		4		5				

			5					
		2				4		6
3				4		2	5	1
	7	3	6					
		6				3	9	
	2				8		1	
6		7			5	9	8	
	9	8				7		
5					7			

24 Light and Easy

6						5	4	
				4				1
9	3		5				7	6
7		9	6					
	8	5		7		9		
	6		4		2			
			7			1	9	
	7						3	
1			3	8				

9	8	2	4		7		6	
		1		2				
					9		1	
	2		1					4
		8	7					
		4					5	8
4					3			6
		6	9	7		5		
	9			5			7	

	2			8			6	
			3	6				
		3				5		
3		6	7	4				
9	5	7		1		4	3	
		1						6
			4			2		5
6				9	5		8	
							1	9

5			9	1			3	
1		8	3				2	
7	3		2					
		6		9			5	
		5					7	8
		1	8		5	9		6
	5	7			4	6		3
						4		
				8	3	5		7

4							2	
	5		8		1	6		9
	1			9				8
1	3			4			6	
								3
		2			6	5	1	
9			1		8			2
	6	3			7			1
			4					

4	8							
		1						7
7		9	1		3			
5		4	8		9	6	7	
	2	8			5			4
				4	1			2
		5	7			4		3
8				5	2	7	9	6
					6			

	6		8	5	7			
					9			
5	9				3	7	1	8
	4				5			2
		3	9				7	1
2	5	7					8	
		2						7
9		6	3		2		4	5
8	7	5		4	1	9		

3		1						9
			1		9			
			7		5			6
	3		8				1	
1	8				2		4	
4		2				6		
	1		5			3		
		7		8	3	9		
5			6		4			7

7				9	3			5
					4			7
2			1				9	3
	6	4			9		5	
				1	8	2		
		5			6			
				6				2
	7			8				
9		1	4			6	3	

4						5		
	3	7	2	6				1
								3
5	9		7			1	6	
	7			9	2		4	
		4	8		6		9	
		5			3			
6	4	3		1				7
1								

34 Light and Easy

							2	
8		9						
4	7		5	6			1	
			6				8	7
3		5		7				2
9						5		
					6	1		3
		6		5	9	2		
		1		3			5	

		1		8	2			6
9	5		3		6			
4						2		
	2			9	5	6		4
		5		2				
	8							5
8						1		
2		3		4	7			
	1			3			4	

36 Light and Easy

6		9			4	7		8
	1					3	4	
		5			2		9	
1			6					
	6				5			3
7		8		9	3	6		
	7	4	3					
		1	5	6	9		3	
						2	8	9

	3			8				9
	7				6	4	8	5
		9					6	
7	5					9	1	2
		1	9	5	7	8	4	
6		8	2			7		
		5			9	6		7
9	4		6				2	8
		3	1		8		9	

38 Light and Easy

	7				4		8	
3			9					
8	1			6			9	2
					9		5	
		6						
7	3		8		6			4
		4			5			7
9			3	4				6

		9		3	6	4		7
		4		9		5		
	1	3		7	8	9	6	
3					7	6		
1	5		6	2			3	4
9	6	8	3		4			
	3			4			2	
	2	5	8	1				6

6		9	2					3
		3				4	8	
				3	4	6		5
3	1		6		9		7	8
					5		6	
	8	1	7					4
		6					5	
		7		4			2	

		8						7
9	5				8	2	6	
					3	1		
7		1	9					
		5	8	4	7			
				1	5	8	7	
5	3						1	
8	9	7				6		
2	1					7	9	5

42 Light and Easy

	1				4		9	
		4		7				
3		9	6		1			7
	8	7		9		3		
							8	4
	4		3					2
			8		6			5
	5			3		1		
6					2	8		

					3	4	9	2
	4			5				
8						1		
9					1			
	3	7	5		2			
	8	1	4					7
	7					9		
6	5							3
		9	7		5		6	8

44   Light and Easy

7				9		4		
4		9	5	3		8		1
		2					6	
					3			
6			7		5		8	
		7	9	2	8		1	
5								
		3			4			
9		4	8	6		7		

		4			3	2	9	
			7	1				8
	6	7			2			1
	3							6
6								
	1		5				7	
			9					5
5	9			2			3	4
	8		1		7			9

Light and Easy

3	7			4		1	6	
9	2	6						
8			3					
					5			
		7		6	3		5	
5			8		7	4		
								3
			6		4		8	
	6		5	9			2	4

			3					8
	6		8				4	
3				5				
8						2		
	2	5				6	1	
	1	4	5					
	7				1			9
		9	2			4		
		6	4	3			8	

48   Light and Easy

9		7						5
		4	1			2	3	
				9				
	6		2					
8	7			3				
		2			4	6		1
	9			7		8		6
6			8	2		5		4
7	4			1				3

7						1		4
6	1		5				9	
	8	9			2			
	7		1		8	5	6	
4							8	2
	5							
2	6			7			5	
1					6	8	2	7
				2				

3		9	7	4			6	
		7		6	3			
8						4		
			2	7	6			8
	2					1		4
	1	3						
	5							2
4				5			8	
	3		4			9		

			5	9			6	
	6	9					1	
2		8		4				
3			7		9	4		6
9			2					
			1	4		3	2	9
1	8		9	6				
7				1	2	6	9	8
6				8	7	5	3	

52 Light and Easy

		8	6		5	2		
7							3	
			3	7	4			
	1	2	7				5	
						8		7
				6			9	2
				9		5	1	6
		4						8
		9	8		6			3

6	9	1		7	2			
		5				3	1	
		2		8	1	9	7	
	1				7			
			2	5				
		3	9			2		
1	2			9	4			
	8		1			6		
3		9		6		1		7

1	3			2				9
		7			3			
5		4	1			7		2
		6	8	3	7		1	
7						4		
						3	7	6
6				7				
				1			9	
	1		9		8	6	4	

		7			8	5		
6	1					7	3	8
3			6	7				
			7					
8						2		1
9		4		6		8		3
1		6		5				9
		3			9		2	5
	9			3			4	7

56   Light and Easy

			2	3				
2				1	8		3	5
9		8	4	5	7	2		
					6		7	
			3			1		
6				4			8	
7	1		8	2			5	
			7			3	1	4
5				6		7		

6						9		
3	2		9	5			1	7
	9		1	7				
			7					1
		9				5	2	
5		6					9	8
2						6		
1			2	6		8	7	
				4	8			

8	2	7			6		9	
		9						8
1	3	5		9	8	7		4
			8	6		4	5	
4		8	3		1			
9	5		7		2	3		
		3	6			2		9
			1	2			3	
					7	6		5

4	9	7		1	3		8	2
					4	1		
8		2		4				6
1			8					9
5	3						2	8
	1	6	7	3				4
	5		4	6			7	
	4	3		5	8			

	3					6		7
		2		6				
	1		8	7	5			
7			3	8				9
1					6			4
4	5		7	1				
			6			2		5
						4		
9			4		7	8	3	

2		3					8	4
1						5	2	3
5			2				6	
3	9		8		5			6
			9					
	5	6		1			4	
	1			6			3	
6			5		4	1		
				8				

4	1	9	6					8
	7	5						
	3		7			9	2	1
	5					3	9	
			9					
			3	4	6		8	5
			8		3		7	
7	2	8	4		1			
		3		2				4

						3	2	4
	4	5			2	7		
			4		6			
2				3	7			6
	9	3	2		8	1	7	5
	1			6	9			3
5		4			3			
	3	2					4	7
7	8		9					

		9						2
8						4		
					4	8	3	
		3	4		8	9		1
7							5	8
	6			2				
5						3		
				5			1	
1	4		7	3				

9				1				4
	2			7				
1			3	8	9			
5		6				4		7
4		3	2			1		
			1	4	5			
					7	6		
							9	8

3	2		1	9		4	7	8
		1	4	6	2	5		
			8			6		
	6	7	2					
		8		4	7		6	
2		3		5	8	7		
9	1		3					7
6			7	8	9			4
8							9	6

					3	2		
8					1		9	
				7		3		4
		5				6		
				4		7		
	9	6	5					
5				6				
				3	4		6	
	4	7			9		8	

6	3							
		7	1			9	3	4
		1	8				6	2
		4				5		
	1	2		7				6
	8		5		2	3		
							7	9
			9			4		3
	9			5	4		1	

	9	1	6				8	3
4				1				5
	8					6		7
		9	1	8			5	
8	5	4	3	9				
		7		6			9	
	3	8	7	2				
			4	3			7	6
					8			

		8			9	3	6	7
5	4	7			3		1	
6			2	7	1	4		
	8				7			6
1			8		5		9	4
7		6						
			7		2	6		5
4			1		8	2	7	
				9		8		

					2			
	7		9			8	4	
9		8			6			7
			3	5				1
								3
		5		1	8	6		
			5				3	
3		9						
1				7				6

		4		8		3		
		8	1	5		7		
1	2	9	6				8	4
2	4	7		1		6	5	9
	9		7		6	2	1	
3				9		8		7
	1		9					
	8	2		6		9	7	5
					5	1		

		5				9	4	2
9		4	2		5		3	
3	6	2		9	8	1	5	
			5	4		7		9
		3	9	7				8
	4			6	1			
4			1		6		8	
2	1						7	
5					4	6	9	

74   Light and Easy

				4	3			
	1			5	6	2	9	
6		4			7	5		
	5	1			8			6
	2		3				8	4
				3		7		8
	6	2		7				5
5			6					

	7	5	2	3		1		
		8	1			2		5
		6			4	7	3	9
		3	8					
		7		2				
1			7				5	
	3		7					2
	6		3	1	2		9	
				6	8		7	1

					6	9	5	1
	1				9			
		7	5			8		6
9	7				2	6		
1	6		4					3
2		4	8			5		
			9		8	7	3	5
		9	1	2	3	4		8
8	4							2

						8		2
1			7	2				
					8			4
				7				6
	6					3		
	8			3	6		4	
	9		2					3
	5	1		9			6	
6	4						5	7

Light and Easy

	7		6		9	5		
				2				
			7		4			9
				1				6
	9	1	3					2
2				5		7		8
	8					1	4	7
1				4			9	
	6	4		9		2		

		3					7	
4	2	7	8	3			9	1
	9	8			2			5
	3	6		5		8		9
		1						
				6			1	7
				1			5	3
7				2				
			6		8			

6			8	9	5			
		1	7	4	2		6	
5	9	7		3				
3				7				
	6		4		3	7	2	
4	7				8	5		3
	1		5			6	3	
2			3	1				
	4	3			9		5	

	4	2		6		1		
1					9			
5	8			2		3		
						4		
	6				8			3
		1	9		2			
						8		
6	3	7				5	9	
				7	4			6

82 Light and Easy

7	4			3		8		
		8		1	2			6
							5	
	2	4					6	
5		9					2	4
		3	5			1		
							9	
6	1				8			
			2		7			

	6	7			1	5	3	
					6			
		1	2		8		9	
		4	8	9		1		
9							5	
				2	5	4		
	4					2		
		3				6	4	
			3					

84 Light and Easy

								8
	9		3	2			1	
4	2				8		9	
	1			8				
3	5	6			9			
				6	7	4		1
							8	6
		2			4			
8		7		1		9		

			7			8		
	7			6			2	3
4	9							
5			3	7			9	
9				2				8
			6	5				
		8						2
7								
3	5				4	9		1

86   Light and Easy

			5					
				9		8		4
2		3		1				
	6	7	8					
9		5	6	4				
	4					2	7	
5		4						
1					9		3	
							8	9

						5		8
		1					9	
		8		7				
2								7
		5		8	1			
3						4	1	
			2				6	
5		6	3			9		
8	4	7	6	1			3	

		1				8		
	7		9	5	3	1		2
4	3	2		8		9		
		4		9		7	5	
		9	7					
		7	4		8		2	9
7	9			4	1			6
		8			6	3		4
	4			2		5		

	4			9	7	8	6	
				8		9		4
				4	1	3		
			9	5				
9	5	6	2	1		4		
4	8			6	3	2		
		3			9			
			8			5		
1				2				

Light and Easy

						1	8	
		8		7			6	
1		6				5		3
	1		5			9	2	8
	5	4	9				1	
6			8	1	3		4	
2	9			4			3	1
7		1	6			4	9	2
		3	1					

				7		3	2	
4			1				8	
	9	3		4				1
6					5			
								9
2			8			6	1	
	6	4			2		7	
							9	
					3	5		

	3	8	2		9			4
				3				
2		9		1				7
	8						2	
6			7	5	8		1	
		7			6		9	
		3						
	2							9
4					5		8	

	4	2	8		9			
9			3					
	5		6			7	9	
			1				8	
5							1	7
					2	3		6
	6	5			4	8		
				3			7	9
2	9						6	3

	1	7						
6		4	7		2	1		
9				1			2	3
4	7		5			3		6
	6	1	8	3	9			7
				4	7	8	5	
8	4			7	5			
		2						
	5	3	2		8		1	

		5	4			6	9	
6			5	9			2	7
			7					
	8		9		4	1	5	
	9							6
			2				4	
		8		5	6			3
2	3					7		
				8				

9		6			1			3
	5					7	6	
			6	3			5	2
		5	2				3	
				4		2	1	
	4				3			
				6		3		7
6	9	4			7		2	
	3		5		8		4	1

97

8			3				4	2
7			1					
		6					9	5
				9		2		
					7			3
	8	7		2				
6	3	2	9					8
		8		6				7
						5		

				5				
9		2		7				3
				2	6	4		9
	3	4			5			
			4	6			1	8
7					1	2		
6			7	1		9	4	
4			6	9				7
8		7	5		2			

6			9	8	3		2	
	8			1		7		9
1		9			4			3
8		6	2					
	4			9	1	3	5	
5	9		4					8
			1	4		9		
		8	3			6		7
9		2	7			4		

8	9			3	5			
		3						
	1	5	4	7				9
								7
		8				6	2	
	6	4		8	3		1	5
9			3		2			8
		1		4				6
5		7				1	4	

		1	8	7	4		3	2
		3					8	4
2	4		1	9				5
				2	5		1	7
3		2						
			9		7		2	
8				3	2		9	
9	2	4	7	8				
	3	5	4	6				

		6	7		3			
		3					9	
	2	8			9		6	
6	1		2		8	7		9
		7		4				8
				9				
	6	9	8	3				
8	7	2			4			3
4	3				2	8		

		1			5	4	6	
		6	4	1				
						3	8	
4	9			7	2		5	
					8	9		4
6	5		1	4	9			
8		9	2		1	7		
7	2			5				
		5	8		7	6		

104 Light and Easy

	4						3	
9	3		7				6	2
1					9		5	
			8	9				
				3		1		
	6	9			7	3		
7	5	4	9	6				
8	1							
					2	8		

			4		9	3	6	1
		3		5			8	4
6	9		3			5		2
			8		7	1		
1	4	9		2	3		5	
	7	8					9	
9	2	1			4			
			9	6		8	1	5
5		6		3			2	

106 Light and Easy

						6		
		1		2		5		
3	7				4			
2				1				
6		8	7				2	9
4	5				3		1	
			8					
5		9						
7		2	1	5	9		8	

2								3
7				8			4	9
					6		1	
	1		8					6
6	2		1					
	8	9		4	7			
			4	1	5		3	7
		4		3	8	2		
	5	8						4

108 Light and Easy

5	3		8			2		
				6			1	5
6		1		3	4	9	7	
		3		2	8		9	
	9	5	1	7				
					6		8	
2		8			5	7		1
7	5		3		1	8	6	
			7		2	4	5	

			9		3		6	
9		6		7		2	5	
4					1			
5				4		3		1
		3	1			7		5
1							8	
		1			7			8
			8				9	
		5		3		6		

110 Light and Easy

6	5		8		7	9		
		7		1		5		
							4	
	7		2	6				
	2	9					7	4
					3		9	
				3				2
1	8		9	2			5	3
		4		5	6			

		9	1	7	5		3	
		1		4				
		5	3		9			6
					2		8	9
7	5	2						
	4		7					
		6	2		8	4		1
							5	
	9				7	3		2

112 Light and Easy

4		2	9					5
8								
			2			9	6	
1	3	5				2		6
2		9		7	5			
		1			6			
	6	8		9	1			2
			1		3	8	4	

3			5	7			2	6
9		5		4			7	
		7					3	
		8	6					
						2		9
1	7		9		4	6		3
	5		2	6		3	9	
		9				7		2
2				9			5	8

114 Light and Easy

	7		9	6		1	2	
	8							
2			3				8	4
9	3		4		2			
							7	6
		7		8		5		
		1	6	5	4			3

7	3	6	2	1	8	5	4	9
1	4	8	7	9	5	6	3	2
2	9	5	3	6	4	8	1	7
8	5	7	9	2	3	4	6	1
3	1	9	8	4	6	7	2	5
4	6	2	1	5	7	9	8	3
5	2	3	4	8	9	1	7	6
6	7	4	5	3	1	2	9	8
9	8	1	6	7	2	3	5	4

116 Light and Easy

1			2			8	4	7
4	9			3			1	
							5	3
				5		6		
	5							
8	7	6	4		3			
	2			1			8	
3		1	8					
5	8	9		2				

							9	
	7		2	1				
	4					1		
			4		6			7
	6			5			3	2
4			9	3			6	
1				2	5		4	6
				9				
			8			3	1	

118   Light and Easy

				9	7	3		
2	4				8			9
9		7		5				
7	3				4	5		
	6			3			7	4
8				1				
			5					
1	2	5					3	
	8				6			

		3						
4	2		7	5	6			
8	7	9				1		
	5	8	1	2	7		3	
3	1	4						
2						8		
1					3			
9	8	6					1	4
	3		8	4		2	9	

8	9				6			
	3	7	1				2	
		2		8	4		3	
1					3			
	7							
2		6			5			
						8		
						1	7	3
	4		8	3	1	2	9	

Moderate 121

6				4				5
	2			6				
	7		9			8		
8					4			
9		2				4	1	
		1		5	3			
		7		8		2		1
		6		2		9	8	
		9				3		

122 Moderate

			5				4	
						7		8
	9					1		6
		9		2	3			
3	1	5			7			
2		4			9		8	3
	3							
		7			8	2	9	
			9		4		7	

		4	5		2		1	
						9		
	2		9				4	8
6	7			2				
5					7			
			1	5	8			
8	9		6			1	5	
							7	
7			8	1			9	

124   Moderate

	7				8	4		
	8						5	9
9	5	2		3	4		1	
	6							5
2		7		9				
				6	3			
	2			6				3
				4				
		3		9		1		8

Moderate 125

	5	6						
1								5
2				4	1		7	
7				3			4	1
	6	1			4	3		
	3		6		8	9		7
			9	5		7		4
3	4							

126 Moderate

		3			6			
7		4		2			9	
	9	6	7					
								4
			8		5	2		
		5	9		2		8	6
			6	5	1	4		7
		1					6	
3					4			

				5	4	6	7	
6	1							
	5		6		8	2		
	7			8	1			
			2			9		
5		4						
			8		2		5	
3	8				9			
		2	4			3		9

128 Moderate

		1	9	3				
		2	1			3		6
		4			6			
9	2	7					6	
			4					
	6	3			5	8		
	7					4	5	
			2	8	7	6		
1								

		6		3			8	1
			8	4	7			
						9		
					6			8
8	5	1				6		
6						5		4
		8			5			
7	2		6	8			1	3
			3					

130   Moderate

	6			7			8	
8		3	2					
		7						
5	9			3			7	
			6				3	
	1	8				6		
4			5			7	2	
	2		1				9	
			9		4	5		

8			7			9	5	
	6			8				7
				9				1
4				5				
	2			6				
	9	3			4			
	3	4						2
1			9				7	
2		7	4					3

132 Moderate

						7		
5				9			8	
4					8	9	6	3
					9		5	
3	1							
	4			6		2	1	8
7		8	4					
	9			3	2			
		3		8				

	6	9			2			1
1				7		8		2
	7			4	8			
	5	7						
			4		9			
				1			5	
5	3	4		8		6		
		6		9		7		8

134 Moderate

6	1					2		
		4					5	
		8			2			6
			7		1		6	
				8				1
9	7		4	5	6			
			6	3	7			8
			2					
8		3		4				

1			7					
	6	5	8					
		3		1	5			9
8						1		
							9	6
6			9				2	
	2	9		6	3			
4		8	1					
5				9		3		

136 Moderate

						8	9	
	2						7	
				5			2	
		3		4				
			7	6	3			5
1		9	2					
	9						5	
2				7		3		
7	1	8					4	2

		5				7	6	
2				3		5		9
	2					4	3	
6				5	9		7	2
				8				
					4			
	1		7		8			
7	3			1	2		4	

138 Moderate

5	7	9		4		6		
	6		9					7
								2
		8		6			5	
7					8		6	
			3		7			
		2	5	8		1		
9		1				3		4

				9				2
		4	3					
				7	1			6
	1		2	5			3	
		5						
	2	6		8		5	9	
		2						
		3				6		
	6		8		3	4		7

140 Moderate

	6		2			4		
		4				5		7
					8			
	8	5	9					1
7				6		3		
2					5	6		
						9		
		8	1				7	
	3	2	4		7			

1	6	5				9		
2		9						8
					5			7
	9			5			3	1
				8	4			
		4	6					
	1		9	6				
						6	4	9
			2					

142 Moderate

	2			7		1		
8				5	6	9		2
3								
			4				3	
5		2		1	7			4
			5		1	2		8
	4					5		7
							4	

		8	2					
5		9	2			1		6
4					3		2	
					7	8		
7		1		3		9		
			4	2		7	5	7
	4	4	9	1				
		3			2		4	
			3		4			

144 Moderate

4	1				7			
							2	
9		6				4		
	6	9					4	3
		8						
1	3	2						
				5	3			
7			2					5
				8	6			7

					3		9	7
						6		
	1	5		6	9			
	7				1			
6						8		
5								1
	9						4	
				8				
	2	8	5			1	3	

146 Moderate

						4	6	5
7		2		9			8	
						2		
3					6		9	1
8			9					
	5	4		7	2			
						8		2
				5	1			7

2		9		1				5
3				7				
	5	4						
					3	7	1	
	7		6					8
	4					9		
		1	4		9			
9			2				3	6

148 Moderate

			8		9			
								7
7						3	2	
5					3		9	
9			7	6				3
		1		8				
	2	4			1		8	6
		6						9
							1	

8			2					
	3	5			1			
					4			5
	8				7			2
	9						4	
					3	8	1	
				5	9			4
			6				8	
4						7	9	

150　Moderate

			8					4
7	8		1				9	
9						6		
		3		5				
6					8			
8			7		1		4	2
						1		
	2							
		4		2	5			

6			4		7	2	5	
								6
7			8					
8	3						9	1
	2			9	5	8		
			7			5		
				1				
4	9				2			
						3		

152 Moderate

								6
2		1			8	3		
		9		5	6	1		
	4							
		2			9			
			4					2
8		3	2					5
4			5					7
					1		6	

				1			5	
3		5						
			8		6	2		
			1			9		
							4	3
	8		4					
6	4				3			7
5						8	6	
		9	5					1

9		3						
	2					1		
		5	1	2	6			
		6		4				8
		8			3		5	
3			6					7
1		4	7			3		
7						2		

	4							
	1		7	9				
	8				3		7	2
		2	1			4		
			3			5		9
					4			
							4	
	6					8		7
1			9				6	3

156 Moderate

2		4			1			
6					7			5
	7			3		1	2	
					3		1	
7		2				9		
	1		9					6
8	4	7			9	5		
			5	4		7	6	

		8			9	7		
		7	5	1	6			
							2	
		3		8				4
	5						1	
				2				
	6				7		4	5
					8		9	3
				9		6		

158   Moderate

	8				4			7
			1					6
				3		5		
							9	
1			9	2				3
3			7		8	1		
			6	4		2	7	
8								5
		4	5		1			

9						7	5	
	5	4	8					
8				1		2	6	
3			4	2	6			
		8				4		5
		2						
1	8	7				3		
	6		2		4			1

160 Moderate

7		4	8				9	
			9	5			8	
5							7	
	4							
		1		3	8			
				2		4	5	
9		2			5			8
	1				9			7
	8	5			3			6

				1	9	7		
			4					
4						8	5	
	2		1		7		8	
					2			
	9					6		5
					5			2
	3	5		4				
8			2	6				

162   Moderate

	1						9	
7		8	9		2	6	1	
9		6	1	3		4		
		5		1	9	8	6	
					7			
1	9					5		
	8		3					2
				4				
						1		

	9	6		4	5			
	2							
5	4	1		2	3			
	5							
			5			8		7
	3			1				2
9		5					7	8
		2			4	5	1	
1					8			

164 Moderate

	8				9			
	1			2		9		
		7				4	1	
		3	8	4		2		
4						5		
	2					3	6	
							5	
6			1					
3			6		4	7		

		9			8			
		5		3		2	9	
	2							
						5	2	
9	1					3		8
			6		4			
1								6
			7	5		1		
8				9				

166 Moderate

						4		
		6		1		7		
			9		5			3
9		2						7
		5	1		9			
	3		8	2				6
			7			6		
	9	3	2					
8		1					3	

		9				1	6	
		4		1		2	7	
8			6		7			9
	2			4				
		6						3
			8		9	7		
			5	3		6		4
					8			7
9	5	1						

4	7		9			8	1	
8							7	
		1	5			9		
	4	5	2		6			
3				5	1	2		
			7					
5							9	3
						1		8
			4			5	2	

4			1		9			2
	1	2					9	5
		5	2			7		
	6				7			
				1				4
				3		2		
					1		6	7
	2	8	5				1	
	4		3		8			

170 Moderate

	8					9	3	
		6	4		1			
	9					7		
			6	3			7	
3	2		7					
				2				
4	7	3				8		
	1		5		8			
		8					6	2

						8		
	2				6	1	9	
	5				8	6		7
	7				5			9
6				7				2
5	4		3					
		2					3	
3			6	2				
4	6	1						

172 Moderate

			1				7	
8				3			2	
4	9							
7				1				2
3	1	9			5			
					6	3	4	
		5		9	3	6		4
							8	
		7	5					

			6			7	1	
5		2			1			9
				3			4	
				5				2
		8	1	2	7			
		4			8	6		
6		7		4		5		
3			5			4	2	1

174 Moderate

4			7			1	2	
		5	8	1		3	4	
		3	6				9	
5			2	9				1
							5	3
		8					1	
7	4	9						
3	1		4					6

7	3	8			1		2	
								7
	2			5	4	6		
		4		2		1		
		7					3	
	8			6			4	
		2		4			6	
5					3			
			9			3		2

176 Moderate

5	4	6			7			
					8			7
3				9		6		
				8				4
4							2	5
	9							
					3	9		
6			1					8
2		7			4	3	1	

8							1	
				7		9		5
			4					
4	1		5	8				
	9				2			7
						5	4	
2			7	5				9
	4	5					6	
7		9		6		8		

178. Moderate

	2			1	7			
		5				7		
			3		6			
						4	7	
8			6		9			1
1	7		8				3	6
			7					
	1				3	6		4
2	9		5		1			

				6	2	3		
9				3		6		8
			9		4			
			7			8		
				9	8		5	6
		1						
	5			1				
		4	2	7			6	3
	7	3		4				9

180 Moderate

		4		7				
	9	3			5		1	8
5				8				
9					8			7
3			9	4				
			2			5		6
1			4				3	
	6	2				9		

				1		6		9
8			7		3		1	
	7	1	9	2				3
6		9						
						9	5	4
	2							
			1		5		4	
2	6	3	4					
				3		8		

182 Moderate

		1	6					5
7		3				8		
4		9			8			
					2		9	
	1		7					
			3	6				
		2	4					6
3				7		4		8

		8	3	4				7
							5	8
				1				
				3		9		6
3	8		1				2	
	7				2			
	5					7		1
	9					2	4	
	2	6	4					

184 Moderate

2	6							
4		9					1	
				8	2			
	1						9	
			9	6			5	
		8						4
		4	5	9	1		3	
	9	1			8			7
					7	9	8	

			3	4			9	
	6						3	
7		2						1
		6						
5	1			8	4	7		
	4	9			1		2	
4							7	5
		7					8	
	5					6		4

186 Moderate

				2		8		
	1				6	3		
			4				5	
5	9					1		
			5				2	
7			9	3	8			
					9			3
			8			2		7
6						4		

2				7		9		6
		7		1	8			
			2				5	
	4							7
5					9			
8			4	2			6	
			1			8		
			3			4	7	
7		8					2	3

188   Moderate

8			3		5			2
7	6		4				3	
9			8			4	6	
	8		6		3			5
2								
		9	1	3			4	
1		8						6
				2		9	8	

				4		9	8	
	6				2			3
							1	
	5			8				
1	3		9					
8			7					
		3				7		
	2		6	7	4	5		1
				5				

				1	7			5
4		5						
				2				
9				4		3	8	
2	1	3				6		
						7		
1				3				
						8		7
	3	7	4					

	5		7				3	
8						9	1	
				6		2		
6	3	9					4	
7		2		9				
	6	1					2	
					3			4
			4	8		1	9	7

192 Moderate

		8		1				
						8		5
	2				4		7	1
	9	2	6				3	
		6	3	4		1		
			5		9	4		
			1			3		
3			2		7			
1					6		5	

	4			2				
		6	3	7		9	8	
			8	9				4
3		5	4				9	2
	9					7		
			9					
						3		
8		4			5		1	
1	7			6		5		

194 Moderate

	2	5	1				4	
9		8	6					
				3			5	
	5				2			3
	9			6	3			
8			5		4			
						4		
		3				9	2	8
	8		7		6	1		

Moderate **195**

9	8			6		1		
	3				2			
1			5					
	7		6					
3			8					5
					3	4		6
		3			1			
				8		3		2
	5		9		4		1	

					9			
1	4					6		
		9	4			1		3
				3	5	4	2	
	3	6						
7								
8			3					2
	2	4			1		3	
6			9			5	8	

6		4		5				
			7			4	8	
7			9	4	1			8
						9	1	
4					6	3		5
			6				9	
2		9		8				
	6			7		2		

		5				7		6
3	4			7				
	1	2				3		
	2		1		9		4	8
					7		5	
						2		
1			4		6	8	7	
	8					9	1	2
			8					

		7				4		
					2		7	
		9	3			6		2
4			6			2	3	8
5		6	4				9	
					8			
			1					5
6			8	5	7		1	
3					9			

200 Moderate

2		4		7				
			9					3
5	3		8					1
6					5			9
		7		1				
3	2			9				
	4					6		
7			2				1	
	6		3		1		5	

2		1	4		5			
7					6			
			3					9
	7			5	8			6
4								
			1				9	5
		4				7	5	
5				6	9		2	1
1								

202 Moderate

	5			9	2			
9	6			4			2	1
					8			
	9	8		7			1	4
7	4						6	
				6				5
		1				5	9	3
1		4						6

7			2		6			
	9			8				7
							2	5
	4						5	1
	1		7			2		
		9	1					6
9	8	5			7		1	
2							3	
	7				8		6	

204 Moderate

		4	9	6	1		5	
			3			8		
	1		7				2	9
1	9							8
6						4		
4		7		9				1
		2			6			
							8	
9	4				2			3

1		3		4				6
6								
7					5		9	
4					2			
			8	3				
	9	5		1				7
		4				6		
					6		8	2
	1		7					3

206 Moderate

5		2			3			
			8					7
		7						5
3				6		9	5	
9			7	5	2		8	
			4					6
					4	2		9
	5							
		1	6					

8	9	1						
			3	4				9
				2				
3					5			
		9			1	2		
7		5		6	3			
6						9		
		4				3	2	
	3		9		2			8

208 Moderate

					7			3
4			2		3		8	
6					5	2	9	
7	4					3		
			8	5	6		2	7
	9							
2	6		4			5		
				1			7	

	9			8		4		
	2		5		6		1	7
								5
		6		4				
						5		8
		8		9		2	6	
9		1					2	6
								3
	5	7	1					

5	2			9				
		1	4		7			
		3	5				8	
		8	1		5	2	7	
					4		3	
	5		6	2				
8	4							9
6						3		

		4	6	9			8	3
						6		
				3	5			
9			1			2		
	4						9	
	2					3	4	
3	5				6		2	
			7				1	
	1		8					

212 Moderate

							6	2
		1						
	7		5	6	9			
		4						
	6	7			8	9		
				9	4			
8		2	6	7				4
					1	2		5
	4	9						3

			1				9	
3		7			9	8		
	8	9	6					
	2				8		1	
4	7							8
		3	2	9			7	
			5	6		1		7
				4				
							8	

214 Moderate

			2	3				7
	3				6		5	
4				9		8		
	7		4		5	1		
		4		7				
	1			8	3	9		
3							6	
	6							3
					1	5		

					2			
6			8					
9			5			8		4
	1						6	
5	7		1				4	2
	2		9					
	8							
3				2		5	1	6
		1				9		7

216 Demanding

2	7			8		9		6
	1	5	9					
			1					
	6		4	2			9	
4								
		2			6	7		
						8	4	2
9	3				5			

					9		2	3
							7	
5				6				
9			4		7	1		5
		5		1		8		
7					6			
	1						4	
		7	3					
4			1					8

218 Demanding

8			9				3	6
			3				8	
2				5	4			9
5								1
	2							
3					7	8		2
4		8	5					
	1			9				
	3						4	

	6		4	2				
		7	6	3				
1		5						
8					2		9	4
		3			8		1	6
							4	
	7	1				5	2	
	9				4			8

220 Demanding

						1		2
	4	5	6					
					4			
5								9
	6		9	3			5	
	1		7			8		
						2	6	5
		3	8	1				
		7		9				

			8		6			
2	9		3	7				
	1	8				6		
5			2			1	3	
					8			
			5				8	
		2						4
				3		5		6
	4	1			5			

222 Demanding

								8
4					9	5		
9			7		3			
	2				1			
	7	5						
			6			3	1	7
			4				5	
	8							1
				8			7	2

		6				3		
	4							
			5	8	9			
		4			6			
	9							
1				5	7			9
3			4				1	
	5						7	2
						6		8

				3			1	
8			1	7				
					9	6		
				1	8		9	
		8						
		3	6			4		
	7			9		5		4
	3	2	5					
9						7		

	3		4				9	
7	9							8
	4		5			7		
						5		
				1		4		3
	2					9		
6			3		5			
2			6					
3	1	8		9				

226 Demanding

2		8	1		3			4
					6			5
3			2				7	8
				1				
	4		8			5		
								3
		9	4	3			2	
	7					1	8	

			1					
						8		5
6	3			2			7	
			4					
	8	5	7				4	
	9		8		1			
			3		9			6
		2			5		3	
		9						

				7		6	3	5
			5			4		
	9							
			9					
			7		1		6	8
6	4					2		
		8				3		4
		7	6		4		9	
			2				5	

1				8				9
					9		7	
		7	6	3				
		5	1		8			3
	8			7			6	
3						2		
						6		
2		6	3			1	5	

230 Demanding

						8		
	1				8	7		
	4		5			9		1
2	7			4	1		3	
6						4		2
				7				
5		7						
		1		2				
	6				5	2		9

					2			
8					1	6		9
	1	5	4					
	7				9			
	4			3			9	7
		6				8		
5							4	8
			7			5	6	

232　Demanding

				2	5			1
		7	1					6
	6			4	3			
	5				8			7
				9				2
3	8			1		9		
5								
		1						8
8	2				6			

5				2		3		1
			3	8		7		
6					4			
4	3	9						
			4		1			
				5			6	
1		4						
		8	7			1		
							9	7

234 Demanding

		2						4
3			5					7
				8	4	5		1
			1					9
4		3		5				
					9		8	
	2			9				
	7				3			
8		5		1	6			

				5		4	2	
		4						3
8								
		1	2					
5	3						6	8
2	9					7		
3			6				1	9
			5		9			
	1			7				

			9			8		
		8					5	3
	5					4		
6				3				
	7	1		2		9	6	
	1			9				
	8				4			
			6		3		7	4

				4	5	8		
	2		7					
		6				9	5	
				5	3	4		
	4				6	1		
1								
	1		8	7				
9		8					6	
					4			

238 Demanding

7					4			5
8	1		6					
		6	9	2				
	8	3						
						9		
6			2				3	
1							7	8
			3		2	4		
9	6				8			

7								2
			1					
2	9	8				7		
							4	9
3		2			4		1	
		5	6					
	1					8		
					2		6	
			3		5			7

240 Demanding

				3				
	2	4			8			1
5						9	4	
6	1	7	9					
			4		6			8
		2						
	8					5		2
		1					8	3
						6		

					8			9
		7			3		4	
		5	4	9				7
6		3		2				5
				1				
1					7		3	
3	4				1		9	
	5		8					2

242 Demanding

	3		2				5	4
		1	6					8
	8			4	2		7	3
			9					
							1	
	9		8			2		
7	5						4	
3				5				1

		2	8	6		5		1
	8		1	9		7		
							8	
5					3	1		
9			7					
		6			4			
						9	7	
	7		2				3	
6								4

244 Demanding

				8				
		4					2	3
2					5	6		
9		8			4			
1								4
5				6	2			
		5	8			7		
8	2		9					
					7	4		

4								6
				2	4		1	3
				1	2			
3		2					8	5
		6				3		
			5					
	7		8	9				
9			5		6			
				7			4	

246 Demanding

							5	9
3			2				6	
		2		5	4			3
	4				7	6	3	
	3				9		8	
	5		4					
1			7		8			
		7				1		
				2				

	1				6			
						6		
5		7						3
9	4		6					
			4					5
		3			5	1	2	
							3	7
1				8	7			
4		9						

5								
4	6		8	5				7
						3		1
		7	5	1			3	
3				4				
	5	1						
			9				2	
8		9	7			6		
				2				

	1	3				4		8
	7							
				3				1
6			5					2
7	3		8		9	5		
5			1				7	
	5					2		
						3		4
		9	6		8			

250 Demanding

	3			9			8	
		1						
5		6					9	4
			8					
	2			7	5	3		
		3	6					
6	7					2		9
	9		3					5
		4		6		8		

9		7		8			3	
	5		9					8
			6	3				1
						1	6	
2				6			8	4
			5				7	
	6							
						5		
4		8					1	

			7	4				3
	3					9	1	6
	1	4	9		7			
		8				6		
3			5				2	
8					5			
				6		4		
		5	1				3	

	2	5	4		1			
							1	
4		8				7		
5					4		2	
			6	1				4
			3	9				8
			2					
9						8	6	1
					6			

254 Demanding

	7	1	6		4			
		5						
								7
					7	8		
	9			4	3	5		
		8	5	6		4		
		4	9			6		5
3					2			
	2							

6							4	
8	4		2	9				
						3		
	8		3		1			
				4				
7	6							5
			5	6		7		
							9	2
			8		4			1

256 Demanding

		9		1				7
	2					4		
		4		5		2		
				2		8	5	
				9			6	
7			1					
6								5
3		1	4					
				7			4	8

Demanding 257

8				6				
1								
	7		8	9	1		6	
	5					7		
					3			2
	6		5	1				
3	2	4		5				8
						4		
		5					7	6

258 Demanding

		9		2				5
3				4			7	
				5		9		
9	1							
						6		
	2	4		1	3			8
					5	3		1
					8			
		1			6		8	2

	3	5			8			
4								6
			5		7			1
				6			5	7
1		4						
	9		7			2		
			4	9				8
		2	3				4	
				5			6	

260 Demanding

5		2						
				4	2			
			8	6			3	
2	8							7
			4					
				3	1	5		2
	9		5					
		8				9		
		7		1				6

		1				2	9	
	2		1	5				
		7			9			
4	6		8	1				
			9		2			4
8	1						2	5
7	4			2	6			
				4				7

262 Demanding

			8				6	
9			6			4		
5					4			8
	6				3		9	
	5				8			7
		7				8	4	2
		2	7	6				
					2		7	
				9				

						1		
		8	1					
3	2							4
	7		2		4		9	
2			9					
					8	6	7	
		3				9	5	
6							1	
			5		9	8		

Demanding

	9							
		6		3			1	
				7	4			
							2	
					7	6		5
9	3				8			7
			8					
	5	2			9			
7				4	2			3

7								6
	5		2		4			
			9				8	
				6	3	1		5
		1		2	8			
							4	
3		4	5					7
1				8				
		8				9		1

266　Demanding

		4				5		6
	3	6						
		5		7			8	
	9				8		5	
				3	4			
		3	1			4		
3						8		4
			6				9	1
	2					7		

			2		4	5		
			9		3			
9								2
	3	6					2	
5								
				8			1	3
		5						
	7	4				9		
	6		8	7	2			

			6	2			8	
	1	9						4
		4			7			3
				1			5	7
1					2			
2	4		8					
3	6						1	
				7	5			

		8						7
		9	4		5		6	
4								
				2	7			8
5					1			
	8				3	2		
6			5				9	
								4
7	3			1				

3		4						7
		5		1				
6	2		5					3
	3				5	2		
1			3	7			9	
8		7			1			
		9					5	
2						4		6

					2			
		5			4		8	7
		8		5	9	6		
								8
					1	5	7	4
	6						1	
		7		4				
5	3			7				
1	9						5	

272 Demanding

		6		9	8	5		
7	4							
		5	1				6	9
		8		6	5	9		
				1		7		5
3					4	1		
	7							
			8	7				
					6		3	

3					2		9	
	9			6	1	7		
		4		3				
			5		9			
		9						
	7	6				8		
6				1				4
						6	8	
	8		4	9				1

274 Demanding

		7			2		9	
			3				7	
2						6		
	1	6						5
		2		4		3		
			7					
8	4				9			3
1				2				
				6	3			

Demanding   **275**

	5	6		4				
	8						9	4
					6	7		
							1	2
3			4		5			
7		2						
		4	3					9
			8		2		3	
2				6				

276 Demanding

9	3	6			2			
2			4		7			
4								6
					6			8
1				8		9	3	
					9		5	
3					4			
		7				8		
						2	6	9

7					6			3
	8					2		
		3			4			
								7
6	1	9						4
				4	8		5	6
	9	4	7			1		
				3		6	7	
							9	

278 Demanding

			7		2		5	
9		8		3				
						1		
			3					1
6				9				
			4			5	6	
	3				7			
	5		1	6			7	
			5			4		2

2			8		9			
	5							
		3					4	
	4	9		6		1		
					3	8		
7						4		
	9	7					5	6
		4			1	9		
		6						

280 Demanding

6			8	3			4	
	8	5	1					
4				6			8	
					8			3
1	6				2			
		9			3		1	
	5		6					
	1			4		2	9	

				1			3	
	7	1				4		
4			5			3		
					9	5	1	
3	9			8			4	
	3				1			
9					7			6
		8	6				5	

282 Demanding

				5		9	1	
	6							
7				8	9	2		
							5	2
	4	6	3					
9			8	7				
6		7						
		1					3	
	3	2	9	4		1		

				1		9		
3	5		4					
	1				8			
7		4	6	5				
			3			8		
								2
		3	5					
		6				7		1
				9	1		2	

284 Demanding

							4	
1			6					
6	3	5				8		
		4		5			1	
					8	3	2	
					1		9	4
				3	6	4		
8				2				
		9				5		

4		5			9			
	8	9						
	1					4		7
6		8	7					
							6	3
3			5	6				
	4				1	7		8
	9							2

286 Demanding

	2	3		4		7		
		4			1		2	
					3		1	
			5	8				2
				2				6
7	6							
2	9							3
		8			5			9
4								

5		6			4	7	9	
	4		9				6	
			3	7				
				6				7
				3		9		
	3	9		1		2		
7								4
4								
	9					8	2	

288 Demanding

	3		1					4
9				5				8
	1							
			8		7		6	
7	9							2
8	6					9		1
3				7	2			
		1	5		8			
				4				3

		7			6			8
9								
3				7				
7						2	4	
	8					1		
5			4	9				
		6				4		
				2				3
2	1				7		5	

290 Demanding

	2		3	5				6
1			2			9	5	
				6				
	5	7					1	
		4	8		3			
2							6	
8	9							7
		1	5					3

							1	
	9	5			1	7		
			5		4	8		
				7				
			3					
8	7	9	1					
3			6				2	
			9					3
		7	8					4

							7	
	8	1	9	7				
	6				8		5	
		8		5	7		6	1
		3		2				
6			3					9
		2		1				5
	3					2	4	

				9				
	3				5		6	
	9		7	8				
	1		8					
				4			2	
				3	2	4		
		1						
		7		6		5	8	
		8	4		1			9

				6	4			
						6		1
8		9	7		1			
	4		8		6			
5		7	9			1		
						2		
	5			3				6
		4			7			
		2				7	3	5

		8	6				5	
7		6				9		
	5			3		4		1
				1				
4	7			2				
3			7					
						5		
6			1		3			4
	8			9				

Beware! Very Challenging

1						4		2
				4		5		
		7	6					
6			5			2		
	8	1						9
			9			8	6	
7		3						
				5	6			4
	4			1			3	

	5			2				
4							7	
8						6		2
			3					
			5		6	2	9	1
1						7		
5	2		6				8	
				9	4			
3			1					

298 Beware! Very Challenging

						7		
	3	6			1		4	
		8		9	2	1		
	8						2	1
				6				
	6		4			5		
		1	7					
2	4					1	8	
9								2

	8				2			
	3	9				1		8
2			7					
	4			8				
		3		6				2
	9					7	1	
								6
			2		9			
			9		4		8	7

Beware! Very Challenging

5	8			4	6	9		
7	9	3				4		
		8	7		9		5	
							4	
						3		7
					2	1		
	2						8	3
	4	9		6	8			

							9	4
5								1
2			6					
	3		8	7	4			
6		7			1	9		
			5					
			2		8			
		1		9	5		8	
		8				7		

302   Beware! Very Challenging

	3		1				6	
5			4			8		
		8				2		
6	2			5				
					9		7	4
	7				8			
	5							1
3			6		7			
		2						8

	1			8		2		
	5	7		9			8	
	4				1			
2						8	3	
		9	1		5			
							5	
				4	5			
		9		3		4		
	2	8	5					

304 Beware! Very Challenging

			6	2				3
5					1			
				9				
3		1					8	
		4		5		3	7	
				1		9		
	4		8	3		6		
7	1		2			8		
		6						

	2				6			3
1		3	4	5				
6			5	9		7		
			3			9		5
				4	7	6		
	8						2	4
		5	1					
	6			3	9		5	

306 Beware! Very Challenging

		9			5			
			8				6	
	1				6			4
		4				2	5	3
				7		6		
	2				9			
9		1			8		3	
	4	3						
		5	1		2			

	3							
2						3	4	9
								5
		3		7		2		
4							1	
		6	5		3			
1		7	6					
5	8		4			1		
				8	5			7

308 Beware! Very Challenging

					7			1
2					4		6	
9		8						
			3	9			8	
5			7		6	4		
			4				2	
								8
		7						
4	1			8	5	7		

	6	9		1				
8				6			7	
		5			9			1
	9	1		3	5	8		
5								
		7				4	1	
				2				
9				7			3	
4					8			

310 Beware! Very Challenging

	2	6	7			1		3
	3							
						5		
8				4	5			
								2
		4			1			
				3				9
5		7		6				
9						2	8	

Beware! Very Challenging 311

					1			
	8		9					7
4	6						1	
	2	3					9	5
				2				
					6			4
	1	9	7				8	
	5	2		3		1		
				5		7		

312 Beware! Very Challenging

	3	6	1					
				9	5			
				7		5		
							6	4
9								3
	5			8	6	2		
		9						1
			9		7			6
2		7						

	1							
		9		6	4		2	
8							4	3
			3			2	6	
			7					
	7	4						8
	6	3		7		1		
			2		9	3		
		2					7	

314 Beware! Very Challenging

1								5
	2	8	5				3	
		3			2			
7								
		4			3	9		
5			7		1		8	
6				4				9
								6
				3	7		5	4

				9		5	8	
	2				8		3	
4					1			
	3						7	
1			8		4		2	
								4
			3					
9								
7		5		1			9	

			3				1	
				2			4	
				5				2
6		8		1				
		7		6				
3	2					8	5	
7	5		2					
		3				1		9
1						4		

	8		6				5	
6					7	1		8
							3	
		7				2	6	3
	4			2				
							9	
			7	5	4			
5		2		8				
8			1					

Beware! Very Challenging

	2				9		5	
			2					
1		8				9	3	
4	1		5					
			3					
		3	4		1	8		9
	4					5	8	
			6					
	8	5					2	7

		2				4		6
1	9	6						
		7			9	2		3
2								
	5		9					
		1	8				7	5
6					2	1		
4					8			
				1	7		8	

320 Beware! Very Challenging

2				3				7
			6			8		
	1	6						5
	7				3			8
	5				8	4		
				4		9		
	2				9	5	8	1
1						6		
4								

	9			1		6		
		7			3		2	
3				5				8
		5	3					
9	6							
8				9				
4				6		5	1	
	1		2					
		8						3

Beware! Very Challenging

	5	6						9
3		8	2			7		
1							2	
							6	
		3	9	7	4			
		2			5			
	1		6	4	8			
							5	
				5				4

		2		5		8		
	6		8					2
	5		6			3		
					3			
2								
						6	8	7
			1		7			4
	8						7	
7					2	9		

							4	8
			2			5	6	
		2	7		8		9	
3								
		8			6			
	9				1	4	5	
	5	1		2	3			
	6		4				8	

				1				
	2	1						
		3			6		9	
		7	5	4		3		
8			7					
	9		1					2
		5	2	3				4
						9	8	7
			6				3	

Beware! Very Challenging

	4	2					1	
1					3			7
			6	1				
9				7		3		
		7	8			6		9
	3					4		
8	6	3						4
		2						
7					5			

					7	6	9	1
				3		8		
8							5	
	4						1	
6			1			3		
				2	9			4
		3		4				2
		4	2				8	
7				6				

Beware! Very Challenging

			9			7		
				1	8			
	4				7			2
				3		1		5
		5						
		8	7				6	
	6		5		3			
4		9				2		6
5								

		2						9
5				1		7		
			4				3	
			3					
		3	5	6			7	
7		4					5	
9					1			8
					2	9		
2		5			3		4	

330 Beware! Very Challenging

9				6	5			1
2							5	
4		8	7	2				
			1				2	
					7	9		
								5
	3		2					
				3			6	
7	9		8				4	

8	1	7			6			4
	9				3			
		6	9			1		
6			2	3	1			
4			8					
7							8	
		2				9		
9		8				6		5
					2			

332 Beware! Very Challenging

	9	8				1	4	
		3		5				2
1						9		
						4		9
8	7		2			6		
			6					
		9		4	7			8
	5				9			
		7			3			

Beware! Very Challenging   333

1							2	
	8	7						
		4	5					
		5	4		1	6	9	
9				8		2		
		1				5		
				2		4		3
		8		7				
6								8

9			2					
7				6	4		3	5
	8			3				
1			4					7
					5			
	3		1			4		6
		7		2	6			
		8	5				9	
	5							3

	7	1		3				
							8	
9					4		5	3
	8				3		2	
					2	8		
				1	7		6	
7	2	4	6					
		3				2		
						9	7	

Beware! Very Challenging

	8		2					9
	5			4	3		6	
						4		7
				2	1			
	4	5				2		
	2		5				3	
2	6	9						
								4
7			8					

		4		5			2	
							7	
	1		7					
				2	8		1	3
8			5					
				4	3			8
2		1			9			5
6								
		9	4	3				

338   Beware! Very Challenging

		9					5	8
			6					
5	4	1						
						3		
3			5		4			2
	6			1			4	9
					1	2		
7	9	2						
			8		9	4		

					6			
	4		8	2				
	2				1	4	7	
			4	7			5	6
				1		7	8	
2	5							
								9
5		2			4	3		
			9				6	

340   Beware! Very Challenging

4			3					
		5	8			2		
8				9	1			
				7			5	6
1			9				4	
				4				9
		7						
	6		5	8	9			
9					3			2

2			9	3			1	8
					2			
		3			4			2
				7		9		
4	8							
3			6	4				
5								4
					7			1
9	2				8	5		

	3						5	
				4		9	6	
7		9				1	8	
3			7					
		6	5	8				
					2			
	6					8		
1			3					9
2		5	6	9			3	

			4					
	2			3				5
	5				6			
			9		1			
			8			7	2	
	6		2					4
8	3			4			6	
							1	
		7				9		

344 Beware! Very Challenging

			3	5		6		
			4			7		
		2			9			8
3			5				9	
9	4	1						
						1	8	
1				2				
8			9			4		5
2	3		6					

		1						
				7				
						6	3	4
	6							
	5	4			9			1
		2	6			4		7
		9		1				
7				8		3		
			3		4			2

5								
1		2						
	6		1		8			
			4			7		
			7					2
7			6	3	5	8		
9					3		4	
		7			6		5	
	5	8					9	

5				4			2	
	8	6						9
							4	
2			1					6
9					5			
		3			8	1		7
	1		7					2
					3			5
			9			7		8

348 Beware! Very Challenging

7								6
9					8	2		
	4						5	
8					3		1	
	6		5					
	9			7				
2	8							
			1	3	4			7
3			6					

	2					1		
		5		9		2		
6					1		3	
				5	2			
5			3					
					9		4	8
		8		7				
	7				4	3	5	
			6					4

	2	6						
		3					8	7
			9					
		4	5			9		
8				6		3		1
7	1				8			
		1						4
				2		1		6
5	4			3				

								8
3	9						4	5
		8			4			
		6			1			2
5								
						8	3	7
		7	9		6	2	1	
			2					6
8				3				

352   Beware! Very Challenging

	6			5		3		1
	4							
9			6	8				
		8	3					
1						9		2
		3			6	4		
	1							4
7				2			1	
		2	9					

5	4							
		7				6		
				2		1		
6	3		5	4				
			7	3			2	
				9	6			
		2		7	9	4		
	6				1		7	8
						3		1

Beware! Very Challenging

		9			4		1	7
8						9		2
	1			6				
						2		8
	3						7	
7			8					
			1		9		3	
		6						
2						7	9	4

		1	8			9	7	
			2					
	9							1
7	1					5		
				6				
	5	2	4					
		5	1	3		2		4
	7					8		
6				8				9

		2	8		1			
		1					8	4
3	8			7		9	5	
				5				
1				2	6			
7					9		1	8
		3						
2						7	3	
								6

							7	6
					6			8
		9			5			
6			5	2		1		
	2			3			9	5
7								
5		7	8					
				1			4	
	4	2	3					

358 Beware! Very Challenging

		2			8			
				3			1	
1			6			3	7	
				1				
				9		8	4	5
	8	9			2			
3			1					
				5	4		2	6
					5			

6			5	7				
8							9	
		9						4
	3		6				7	
				1	8			
		7		9	8		5	
	1					6		
			9		2			
	2				4			1

Beware! Very Challenging

			8			4	6	
	8	5				7		
		2			6			
2				4		5		
	9				8	3		7
					1		9	4
4					5			
					9	8	7	

Beware! Very Challenging 361

	5		3		8			
		2						
			7					4
	8			9				
						1	9	3
		7			2			
7			4				1	
	4			3	9		7	
				1			6	

	1			5				6
	2	9	3				8	
							9	
							7	5
3	8							
			2		4	3		
4			9		1			7
	9				2			
8		2	7					

					6	8		
6					1			
	4	7			2			9
1							5	
	6		2		8		4	
4	3		9					6
				4	5		7	
	7							2
					3			

364 Beware! Very Challenging

	1							
		9			7	8		
4		3						5
					1			3
3			7				4	
				9	8		5	2
					2		6	
2	4							9
			9	6		1		

Beware! Very Challenging 365

3		2		7				
	9		6			8		2
			5					6
			2				4	7
4		1						
	3			4			5	
	2	4	8	5			6	
							2	1

ANSWERS

1

8	3	2	9	5	6	1	7	4
5	7	4	3	1	8	2	6	9
1	6	9	2	4	7	8	3	5
4	2	8	6	7	1	9	5	3
6	9	5	4	2	3	7	1	8
3	1	7	8	9	5	4	2	6
7	4	1	5	3	9	6	8	2
2	5	6	7	8	4	3	9	1
9	8	3	1	6	2	5	4	7

2

2	6	7	9	5	3	8	4	1
3	4	1	8	7	6	5	9	2
8	9	5	2	4	1	3	6	7
5	2	8	3	9	4	7	1	6
4	3	6	7	1	2	9	8	5
1	7	9	5	6	8	4	2	3
7	8	2	6	3	9	1	5	4
9	5	4	1	2	7	6	3	8
6	1	3	4	8	5	2	7	9

3

3	8	1	4	7	9	6	2	5
6	7	5	8	2	3	4	9	1
2	9	4	1	6	5	7	8	3
8	3	7	6	5	1	2	4	9
4	5	6	3	9	2	1	7	8
1	2	9	7	4	8	5	3	6
5	4	8	2	3	6	9	1	7
7	6	3	9	1	4	8	5	2
9	1	2	5	8	7	3	6	4

4

2	8	9	4	1	7	3	5	6
3	6	7	8	5	9	1	2	4
1	4	5	2	6	3	9	8	7
7	3	6	1	9	5	2	4	8
8	9	2	7	4	6	5	3	1
4	5	1	3	8	2	6	7	9
5	1	4	6	2	8	7	9	3
6	2	3	9	7	4	8	1	5
9	7	8	5	3	1	4	6	2

5

2	7	1	4	8	6	3	9	5
6	5	8	3	2	9	1	4	7
4	9	3	7	5	1	8	6	2
5	4	7	9	1	8	2	3	6
3	2	6	5	7	4	9	1	8
8	1	9	2	6	3	5	7	4
7	3	2	1	4	5	6	8	9
9	6	4	8	3	2	7	5	1
1	8	5	6	9	7	4	2	3

6

7	8	6	2	1	9	5	4	3
5	4	1	6	7	3	2	9	8
9	3	2	8	4	5	6	7	1
1	5	9	3	2	6	7	8	4
6	2	4	7	9	8	3	1	5
3	7	8	1	5	4	9	6	2
2	6	7	4	3	1	8	5	9
8	1	5	9	6	2	4	3	7
4	9	3	5	8	7	1	2	6

7

3	7	8	6	9	1	5	2	4
4	6	1	7	2	5	8	3	9
9	5	2	3	8	4	1	6	7
7	9	3	1	6	8	2	4	5
5	8	4	2	7	3	6	9	1
1	2	6	5	4	9	3	7	8
6	4	7	8	5	2	9	1	3
2	1	5	9	3	7	4	8	6
8	3	9	4	1	6	7	5	2

8

6	5	7	9	3	1	2	4	8
9	8	3	2	7	4	6	1	5
1	2	4	8	5	6	3	7	9
7	4	9	5	6	2	8	3	1
2	1	6	3	4	8	5	9	7
5	3	8	7	1	9	4	2	6
8	6	2	1	9	3	7	5	4
3	9	5	4	8	7	1	6	2
4	7	1	6	2	5	9	8	3

9

8	4	2	6	3	5	9	7	1
5	1	7	2	9	4	6	8	3
3	6	9	8	1	7	5	4	2
6	9	3	4	2	1	7	5	8
2	7	1	5	6	8	4	3	9
4	5	8	9	7	3	1	2	6
9	8	6	7	5	2	3	1	4
7	3	4	1	8	6	2	9	5
1	2	5	3	4	9	8	6	7

10

1	2	5	6	7	8	4	9	3
6	3	8	9	4	1	7	5	2
9	7	4	5	3	2	6	8	1
3	6	1	4	8	9	5	2	7
5	8	7	2	6	3	1	4	9
4	9	2	7	1	5	8	3	6
8	5	9	1	2	6	3	7	4
2	4	6	3	5	7	9	1	8
7	1	3	8	9	4	2	6	5

11

8	4	7	9	5	3	6	2	1
2	3	6	4	1	7	9	8	5
5	1	9	8	6	2	7	3	4
1	6	3	7	2	5	4	9	8
4	7	8	1	9	6	3	5	2
9	5	2	3	4	8	1	6	7
6	9	4	2	8	1	5	7	3
7	2	5	6	3	4	8	1	9
3	8	1	5	7	9	2	4	6

12

7	3	4	8	5	2	1	6	9
6	2	8	1	7	9	4	3	5
5	9	1	4	3	6	7	2	8
8	7	2	5	9	3	6	1	4
1	4	3	2	6	8	5	9	7
9	6	5	7	4	1	2	8	3
4	8	6	3	1	5	9	7	2
3	5	9	6	2	7	8	4	1
2	1	7	9	8	4	3	5	6

13

8	1	9	6	4	2	5	3	7
4	2	3	9	5	7	8	1	6
7	5	6	8	1	3	9	4	2
6	3	8	5	9	4	2	7	1
9	4	2	7	3	1	6	5	8
1	7	5	2	6	8	3	9	4
3	8	7	4	2	5	1	6	9
5	6	4	1	8	9	7	2	3
2	9	1	3	7	6	4	8	5

14

7	1	6	5	2	8	3	4	9
9	5	4	7	1	3	2	8	6
3	2	8	4	9	6	7	5	1
2	8	9	1	3	7	4	6	5
4	6	1	8	5	2	9	7	3
5	3	7	6	4	9	1	2	8
6	4	3	9	7	5	8	1	2
1	9	5	2	8	4	6	3	7
8	7	2	3	6	1	5	9	4

15

1	4	5	6	3	7	8	9	2
2	9	3	4	8	1	6	5	7
6	7	8	5	2	9	4	1	3
9	1	4	2	5	3	7	8	6
5	2	6	7	9	8	3	4	1
3	8	7	1	4	6	9	2	5
8	5	9	3	6	2	1	7	4
4	6	1	9	7	5	2	3	8
7	3	2	8	1	4	5	6	9

16

9	8	7	6	1	5	3	4	2
6	3	5	4	8	2	1	7	9
4	2	1	3	7	9	6	5	8
8	1	4	2	5	7	9	3	6
3	5	2	9	6	8	4	1	7
7	6	9	1	3	4	2	8	5
2	4	8	5	9	1	7	6	3
5	9	6	7	4	3	8	2	1
1	7	3	8	2	6	5	9	4

17

6	8	3	2	9	7	4	5	1
2	9	5	4	1	6	8	3	7
1	4	7	8	3	5	6	9	2
4	3	6	1	7	2	5	8	9
9	2	1	5	8	4	7	6	3
5	7	8	3	6	9	1	2	4
7	6	4	9	2	8	3	1	5
3	5	9	6	4	1	2	7	8
8	1	2	7	5	3	9	4	6

18

9	8	1	5	4	2	3	6	7
6	4	3	9	7	1	5	8	2
7	2	5	8	6	3	1	4	9
5	9	8	2	1	4	7	3	6
4	1	7	6	3	9	8	2	5
2	3	6	7	8	5	9	1	4
1	7	2	4	9	8	6	5	3
8	5	9	3	2	6	4	7	1
3	6	4	1	5	7	2	9	8

19

3	8	5	7	1	9	4	2	6
4	6	9	2	5	8	7	1	3
1	7	2	4	3	6	9	8	5
8	1	4	5	9	3	6	7	2
2	9	3	1	6	7	5	4	8
6	5	7	8	2	4	3	9	1
9	2	1	6	4	5	8	3	7
7	3	6	9	8	1	2	5	4
5	4	8	3	7	2	1	6	9

20

9	3	8	6	5	4	2	7	1
6	2	4	7	1	9	8	5	3
5	7	1	3	2	8	6	9	4
1	9	5	8	6	7	3	4	2
4	8	2	5	9	3	1	6	7
7	6	3	1	4	2	5	8	9
3	1	7	4	8	5	9	2	6
8	4	9	2	3	6	7	1	5
2	5	6	9	7	1	4	3	8

21

7	4	5	3	9	6	2	1	8
2	3	6	1	8	4	7	9	5
1	8	9	7	5	2	4	6	3
3	5	4	2	7	9	6	8	1
9	1	8	6	4	3	5	2	7
6	7	2	5	1	8	3	4	9
8	9	3	4	6	5	1	7	2
5	6	7	9	2	1	8	3	4
4	2	1	8	3	7	9	5	6

22

9	5	8	3	2	7	6	1	4
3	4	7	5	6	1	8	2	9
6	2	1	9	8	4	5	7	3
5	1	3	7	4	2	9	8	6
7	9	2	6	3	8	1	4	5
4	8	6	1	9	5	2	3	7
2	6	9	4	1	3	7	5	8
1	3	5	8	7	9	4	6	2
8	7	4	2	5	6	3	9	1

23

4	6	1	5	3	2	8	7	9
7	5	2	8	1	9	4	3	6
3	8	9	7	4	6	2	5	1
1	7	3	6	9	4	5	2	8
8	4	6	2	5	1	3	9	7
9	2	5	3	7	8	6	1	4
6	1	7	4	2	5	9	8	3
2	9	8	1	6	3	7	4	5
5	3	4	9	8	7	1	6	2

24

6	1	2	8	3	7	5	4	9
8	5	7	9	4	6	3	2	1
9	3	4	5	2	1	8	7	6
7	2	9	6	5	8	4	1	3
4	8	5	1	7	3	9	6	2
3	6	1	4	9	2	7	8	5
2	4	3	7	6	5	1	9	8
5	7	8	2	1	9	6	3	4
1	9	6	3	8	4	2	5	7

25

9	8	2	4	1	7	3	6	5
7	3	1	5	2	6	8	4	9
6	4	5	8	3	9	2	1	7
5	2	9	1	6	8	7	3	4
3	6	8	7	4	5	9	2	1
1	7	4	3	9	2	6	5	8
4	5	7	2	8	3	1	9	6
2	1	6	9	7	4	5	8	3
8	9	3	6	5	1	4	7	2

26

7	2	4	5	8	1	9	6	3
5	1	9	3	6	4	8	2	7
8	6	3	9	2	7	5	4	1
3	8	6	7	4	9	1	5	2
9	5	7	6	1	2	4	3	8
2	4	1	8	5	3	7	9	6
1	9	8	4	3	6	2	7	5
6	7	2	1	9	5	3	8	4
4	3	5	2	7	8	6	1	9

27

5	6	2	9	1	7	8	3	4
1	4	8	3	5	6	7	2	9
7	3	9	2	4	8	1	6	5
4	8	6	7	9	2	3	5	1
3	9	5	4	6	1	2	7	8
2	7	1	8	3	5	9	4	6
8	5	7	1	2	4	6	9	3
6	1	3	5	7	9	4	8	2
9	2	4	6	8	3	5	1	7

28

4	8	9	6	7	3	1	2	5
3	5	7	8	2	1	6	4	9
2	1	6	5	9	4	7	3	8
1	3	8	9	4	5	2	6	7
6	4	5	7	1	2	9	8	3
7	9	2	3	8	6	5	1	4
9	7	4	1	6	8	3	5	2
8	6	3	2	5	7	4	9	1
5	2	1	4	3	9	8	7	6

29

4	8	2	5	6	7	3	1	9
3	5	1	2	9	4	8	6	7
7	6	9	1	8	3	2	4	5
5	3	4	8	2	9	6	7	1
1	2	8	6	7	5	9	3	4
9	7	6	3	4	1	5	8	2
6	9	5	7	1	8	4	2	3
8	1	3	4	5	2	7	9	6
2	4	7	9	3	6	1	5	8

30

3	6	1	8	5	7	2	9	4
7	2	8	4	1	9	3	5	6
5	9	4	2	6	3	7	1	8
1	4	9	7	8	5	6	3	2
6	8	3	9	2	4	5	7	1
2	5	7	1	3	6	4	8	9
4	3	2	5	9	8	1	6	7
9	1	6	3	7	2	8	4	5
8	7	5	6	4	1	9	2	3

31

3	6	1	4	2	8	5	7	9
8	7	5	1	6	9	4	3	2
9	2	4	7	3	5	1	8	6
7	3	9	8	4	6	2	1	5
1	8	6	9	5	2	7	4	3
4	5	2	3	7	1	6	9	8
2	1	8	5	9	7	3	6	4
6	4	7	2	8	3	9	5	1
5	9	3	6	1	4	8	2	7

32

7	1	8	6	9	3	4	2	5
5	3	9	8	2	4	1	6	7
2	4	6	1	5	7	8	9	3
8	6	4	2	3	9	7	5	1
3	9	7	5	1	8	2	4	6
1	2	5	7	4	6	3	8	9
4	8	3	9	6	1	5	7	2
6	7	2	3	8	5	9	1	4
9	5	1	4	7	2	6	3	8

33

4	6	8	3	7	1	5	2	9
9	3	7	2	6	5	4	8	1
2	5	1	4	8	9	6	7	3
5	9	2	7	3	4	1	6	8
8	7	6	1	9	2	3	4	5
3	1	4	8	5	6	7	9	2
7	8	5	6	2	3	9	1	4
6	4	3	9	1	8	2	5	7
1	2	9	5	4	7	8	3	6

34

6	1	3	9	8	4	7	2	5
8	5	9	2	1	7	6	3	4
4	7	2	5	6	3	8	1	9
1	2	4	6	9	5	3	8	7
3	6	5	8	7	1	4	9	2
9	8	7	3	4	2	5	6	1
5	9	8	4	2	6	1	7	3
7	3	6	1	5	9	2	4	8
2	4	1	7	3	8	9	5	6

35

7	3	1	4	8	2	9	5	6
9	5	2	3	7	6	4	8	1
4	6	8	9	5	1	2	7	3
3	2	7	8	9	5	6	1	4
1	4	5	6	2	3	8	9	7
6	8	9	7	1	4	3	2	5
8	7	4	5	6	9	1	3	2
2	9	3	1	4	7	5	6	8
5	1	6	2	3	8	7	4	9

36

6	2	9	1	3	4	7	5	8
8	1	7	9	5	6	3	4	2
3	4	5	7	8	2	1	9	6
1	9	3	6	4	7	8	2	5
4	6	2	8	1	5	9	7	3
7	5	8	2	9	3	6	1	4
9	7	4	3	2	8	5	6	1
2	8	1	5	6	9	4	3	7
5	3	6	4	7	1	2	8	9

37

4	3	6	5	8	1	2	7	9
1	7	2	3	9	6	4	8	5
5	8	9	7	4	2	3	6	1
7	5	4	8	6	3	9	1	2
3	2	1	9	5	7	8	4	6
6	9	8	2	1	4	7	5	3
8	1	5	4	2	9	6	3	7
9	4	7	6	3	5	1	2	8
2	6	3	1	7	8	5	9	4

38

6	7	9	5	2	4	3	8	1
3	4	2	9	8	1	7	6	5
8	1	5	7	6	3	4	9	2
4	2	8	1	7	9	6	5	3
5	9	6	4	3	2	1	7	8
7	3	1	8	5	6	9	2	4
2	8	3	6	1	7	5	4	9
1	6	4	2	9	5	8	3	7
9	5	7	3	4	8	2	1	6

39

2	8	9	5	3	6	4	1	7
6	7	4	2	9	1	5	8	3
5	1	3	4	7	8	9	6	2
3	4	2	1	8	7	6	5	9
1	5	7	6	2	9	8	3	4
9	6	8	3	5	4	2	7	1
8	9	1	7	6	2	3	4	5
7	3	6	9	4	5	1	2	8
4	2	5	8	1	3	7	9	6

40

6	4	9	2	5	8	7	1	3
1	5	3	9	7	6	4	8	2
2	7	8	1	3	4	6	9	5
3	1	4	6	2	9	5	7	8
8	6	5	3	1	7	2	4	9
7	9	2	4	8	5	3	6	1
5	8	1	7	6	2	9	3	4
4	2	6	8	9	3	1	5	7
9	3	7	5	4	1	8	2	6

41

1	6	8	2	9	4	3	5	7
9	5	3	1	7	8	2	6	4
4	7	2	5	6	3	1	8	9
7	8	1	9	3	2	5	4	6
6	2	5	8	4	7	9	3	1
3	4	9	6	1	5	8	7	2
5	3	6	7	2	9	4	1	8
8	9	7	4	5	1	6	2	3
2	1	4	3	8	6	7	9	5

42

7	1	8	2	5	4	6	9	3
5	6	4	9	7	3	2	1	8
3	2	9	6	8	1	4	5	7
2	8	7	4	9	5	3	6	1
9	3	6	1	2	7	5	8	4
1	4	5	3	6	8	9	7	2
4	9	3	8	1	6	7	2	5
8	5	2	7	3	9	1	4	6
6	7	1	5	4	2	8	3	9

43

7	6	5	8	1	3	4	9	2
1	4	2	9	5	7	8	3	6
8	9	3	2	6	4	1	7	5
9	2	6	3	7	1	5	8	4
4	3	7	5	8	2	6	1	9
5	8	1	4	9	6	3	2	7
2	7	4	6	3	8	9	5	1
6	5	8	1	2	9	7	4	3
3	1	9	7	4	5	2	6	8

44

7	8	5	1	9	6	4	2	3
4	6	9	5	3	2	8	7	1
1	3	2	4	8	7	5	6	9
2	4	8	6	1	3	9	5	7
6	9	1	7	4	5	3	8	2
3	5	7	9	2	8	6	1	4
5	1	6	3	7	9	2	4	8
8	7	3	2	5	4	1	9	6
9	2	4	8	6	1	7	3	5

45

1	5	4	8	6	3	2	9	7
3	2	9	7	1	5	4	6	8
8	6	7	4	9	2	3	5	1
7	3	5	2	8	1	9	4	6
6	4	8	3	7	9	5	1	2
9	1	2	5	4	6	8	7	3
2	7	6	9	3	4	1	8	5
5	9	1	6	2	8	7	3	4
4	8	3	1	5	7	6	2	9

46

3	7	5	2	4	9	1	6	8
9	2	6	7	8	1	3	4	5
8	4	1	3	5	6	9	7	2
6	8	4	9	1	5	2	3	7
2	1	7	4	6	3	8	5	9
5	3	9	8	2	7	4	1	6
4	5	8	1	7	2	6	9	3
7	9	2	6	3	4	5	8	1
1	6	3	5	9	8	7	2	4

47

5	9	2	3	6	4	1	7	8
7	6	1	8	9	2	3	4	5
3	4	8	1	5	7	9	6	2
8	3	7	9	1	6	2	5	4
9	2	5	7	4	8	6	1	3
6	1	4	5	2	3	8	9	7
4	7	3	6	8	1	5	2	9
1	8	9	2	7	5	4	3	6
2	5	6	4	3	9	7	8	1

48

9	2	7	3	4	8	1	6	5
5	8	4	1	6	7	2	3	9
1	3	6	5	9	2	7	4	8
4	6	9	2	5	1	3	8	7
8	7	1	9	3	6	4	5	2
3	5	2	7	8	4	6	9	1
2	9	5	4	7	3	8	1	6
6	1	3	8	2	9	5	7	4
7	4	8	6	1	5	9	2	3

49

7	2	5	6	8	9	1	3	4
6	1	4	5	3	7	2	9	8
3	8	9	4	1	2	6	7	5
9	7	2	1	4	8	5	6	3
4	3	1	7	6	5	9	8	2
8	5	6	2	9	3	7	4	1
2	6	8	3	7	1	4	5	9
1	4	3	9	5	6	8	2	7
5	9	7	8	2	4	3	1	6

50

3	1	9	7	4	8	2	6	5
2	4	7	5	6	3	8	1	9
8	6	5	2	1	9	4	7	3
5	9	4	1	2	7	6	3	8
7	2	3	6	8	5	1	9	4
6	8	1	3	9	4	5	2	7
9	5	6	8	3	1	7	4	2
4	7	2	9	5	6	3	8	1
1	3	8	4	7	2	9	5	6

51

4	3	7	5	9	1	8	6	2
5	6	9	8	2	3	7	1	4
2	1	8	6	7	4	9	5	3
3	2	1	7	5	9	4	8	6
9	4	6	2	3	8	1	7	5
8	7	5	1	4	6	3	2	9
1	8	3	9	6	5	2	4	7
7	5	4	3	1	2	6	9	8
6	9	2	4	8	7	5	3	1

52

3	4	8	6	1	5	2	7	9
7	5	6	9	2	8	4	3	1
2	9	1	3	7	4	6	8	5
6	1	2	7	8	9	3	5	4
9	3	5	2	4	1	8	6	7
4	8	7	5	6	3	1	9	2
8	7	3	4	9	2	5	1	6
5	6	4	1	3	7	9	2	8
1	2	9	8	5	6	7	4	3

53

6	9	1	3	7	2	4	8	5
8	7	5	6	4	9	3	1	2
4	3	2	5	8	1	9	7	6
2	1	8	4	3	7	5	6	9
9	6	4	2	5	8	7	3	1
7	5	3	9	1	6	2	4	8
1	2	6	7	9	4	8	5	3
5	8	7	1	2	3	6	9	4
3	4	9	8	6	5	1	2	7

54

1	3	8	7	2	4	5	6	9
2	9	7	5	6	3	1	8	4
5	6	4	1	8	9	7	3	2
4	2	6	8	3	7	9	1	5
7	5	3	6	9	1	4	2	8
9	8	1	2	4	5	3	7	6
6	4	9	3	7	2	8	5	1
8	7	5	4	1	6	2	9	3
3	1	2	9	5	8	6	4	7

55

4	2	7	3	9	8	5	1	6
6	1	9	5	2	4	7	3	8
3	5	8	6	7	1	4	9	2
2	3	1	7	8	5	9	6	4
8	6	5	9	4	3	2	7	1
9	7	4	1	6	2	8	5	3
1	4	6	2	5	7	3	8	9
7	8	3	4	1	9	6	2	5
5	9	2	8	3	6	1	4	7

56

1	5	6	2	3	9	8	4	7
2	7	4	6	1	8	9	3	5
9	3	8	4	5	7	2	6	1
3	9	1	5	8	6	4	7	2
4	8	5	3	7	2	1	9	6
6	2	7	9	4	1	5	8	3
7	1	3	8	2	4	6	5	9
8	6	2	7	9	5	3	1	4
5	4	9	1	6	3	7	2	8

57

6	7	1	8	2	4	9	3	5
3	2	8	9	5	6	4	1	7
4	9	5	1	7	3	2	8	6
8	4	2	7	9	5	3	6	1
7	3	9	6	8	1	5	2	4
5	1	6	4	3	2	7	9	8
2	8	3	5	1	7	6	4	9
1	5	4	2	6	9	8	7	3
9	6	7	3	4	8	1	5	2

58

8	2	7	4	1	6	5	9	3
6	4	9	5	7	3	1	2	8
1	3	5	2	9	8	7	6	4
3	7	2	8	6	9	4	5	1
4	6	8	3	5	1	9	7	2
9	5	1	7	4	2	3	8	6
7	1	3	6	8	5	2	4	9
5	9	6	1	2	4	8	3	7
2	8	4	9	3	7	6	1	5

59

4	9	7	5	1	3	6	8	2
6	8	1	2	9	7	3	4	5
3	2	5	6	8	4	1	9	7
8	7	2	3	4	9	5	1	6
1	6	4	8	2	5	7	3	9
5	3	9	1	7	6	4	2	8
9	1	6	7	3	2	8	5	4
2	5	8	4	6	1	9	7	3
7	4	3	9	5	8	2	6	1

60

8	3	9	1	4	2	6	5	7
5	7	2	9	6	3	1	4	8
6	1	4	8	7	5	9	2	3
7	2	6	3	8	4	5	1	9
1	9	3	2	5	6	7	8	4
4	5	8	7	1	9	3	6	2
3	4	1	6	9	8	2	7	5
2	8	7	5	3	1	4	9	6
9	6	5	4	2	7	8	3	1

61

2	7	3	6	5	1	9	8	4
1	6	8	4	9	7	5	2	3
5	4	9	2	3	8	7	6	1
3	9	1	8	4	5	2	7	6
4	8	2	9	7	6	3	1	5
7	5	6	3	1	2	8	4	9
8	1	5	7	6	9	4	3	2
6	3	7	5	2	4	1	9	8
9	2	4	1	8	3	6	5	7

62

4	1	9	6	3	2	7	5	8
2	7	5	1	8	9	4	6	3
8	3	6	7	5	4	9	2	1
6	5	4	2	1	8	3	9	7
3	8	2	9	7	5	1	4	6
1	9	7	3	4	6	2	8	5
5	4	1	8	9	3	6	7	2
7	2	8	4	6	1	5	3	9
9	6	3	5	2	7	8	1	4

63

1	7	6	8	9	5	3	2	4
8	4	5	3	1	2	7	6	9
3	2	9	4	7	6	8	5	1
2	5	8	1	3	7	4	9	6
6	9	3	2	4	8	1	7	5
4	1	7	5	6	9	2	8	3
5	6	4	7	2	3	9	1	8
9	3	2	6	8	1	5	4	7
7	8	1	9	5	4	6	3	2

64

4	3	9	6	8	5	1	7	2
8	2	5	3	1	7	4	9	6
6	7	1	2	9	4	8	3	5
2	5	3	4	7	8	9	6	1
7	1	4	9	6	3	2	5	8
9	6	8	5	2	1	7	4	3
5	8	6	1	4	9	3	2	7
3	9	7	8	5	2	6	1	4
1	4	2	7	3	6	5	8	9

65

9	3	7	5	1	2	8	6	4
8	2	5	4	7	6	9	1	3
1	6	4	3	8	9	2	7	5
5	8	6	9	3	1	4	2	7
2	1	9	7	5	4	3	8	6
4	7	3	2	6	8	1	5	9
6	9	8	1	4	5	7	3	2
3	5	2	8	9	7	6	4	1
7	4	1	6	2	3	5	9	8

66

3	2	6	1	9	5	4	7	8
7	8	1	4	6	2	5	3	9
5	4	9	8	7	3	6	1	2
4	6	7	2	3	1	9	8	5
1	5	8	9	4	7	2	6	3
2	9	3	6	5	8	7	4	1
9	1	4	3	2	6	8	5	7
6	3	5	7	8	9	1	2	4
8	7	2	5	1	4	3	9	6

67

1	5	4	6	9	3	2	7	8
8	7	3	4	2	1	5	9	6
9	6	2	8	7	5	3	1	4
7	1	5	3	8	2	6	4	9
3	2	8	9	4	6	7	5	1
4	9	6	5	1	7	8	3	2
5	3	9	1	6	8	4	2	7
2	8	1	7	3	4	9	6	5
6	4	7	2	5	9	1	8	3

68

6	3	9	2	4	7	1	8	5
8	2	7	1	6	5	9	3	4
4	5	1	8	3	9	7	6	2
3	7	4	6	9	8	5	2	1
5	1	2	4	7	3	8	9	6
9	8	6	5	1	2	3	4	7
1	4	5	3	8	6	2	7	9
7	6	8	9	2	1	4	5	3
2	9	3	7	5	4	6	1	8

69

2	9	1	6	7	5	4	8	3
4	7	6	8	1	3	9	2	5
5	8	3	2	4	9	6	1	7
3	6	9	1	8	2	7	5	4
8	5	4	3	9	7	1	6	2
1	2	7	5	6	4	3	9	8
6	3	8	7	2	1	5	4	9
9	1	5	4	3	8	2	7	6
7	4	2	9	5	6	8	3	1

70

2	1	8	4	5	9	3	6	7
5	4	7	6	8	3	9	1	2
6	3	9	2	7	1	4	5	8
9	8	4	3	1	7	5	2	6
1	2	3	8	6	5	7	9	4
7	5	6	9	2	4	1	8	3
8	9	1	7	4	2	6	3	5
4	6	5	1	3	8	2	7	9
3	7	2	5	9	6	8	4	1

71

5	4	3	7	8	2	1	6	9
6	7	1	9	3	5	8	4	2
9	2	8	1	4	6	3	5	7
4	9	6	3	5	7	2	8	1
8	1	2	4	6	9	5	7	3
7	3	5	2	1	8	6	9	4
2	6	7	5	9	1	4	3	8
3	8	9	6	2	4	7	1	5
1	5	4	8	7	3	9	2	6

72

7	5	4	2	8	9	3	6	1
6	3	8	1	5	4	7	9	2
1	2	9	6	3	7	5	8	4
2	4	7	8	1	3	6	5	9
8	9	5	7	4	6	2	1	3
3	6	1	5	9	2	8	4	7
5	1	3	9	7	8	4	2	6
4	8	2	3	6	1	9	7	5
9	7	6	4	2	5	1	3	8

73

1	8	5	6	3	7	9	4	2
9	7	4	2	1	5	8	3	6
3	6	2	4	9	8	1	5	7
8	2	1	5	4	3	7	6	9
6	5	3	9	7	2	4	1	8
7	4	9	8	6	1	3	2	5
4	9	7	1	5	6	2	8	3
2	1	6	3	8	9	5	7	4
5	3	8	7	2	4	6	9	1

74

2	3	5	8	1	9	6	4	7
7	9	6	2	4	3	8	5	1
4	1	8	7	5	6	2	9	3
6	8	4	1	9	7	5	3	2
3	5	1	4	2	8	9	7	6
9	2	7	3	6	5	1	8	4
1	4	9	5	3	2	7	6	8
8	6	2	9	7	4	3	1	5
5	7	3	6	8	1	4	2	9

75

9	7	5	2	3	6	1	8	4
3	4	8	1	9	7	2	6	5
2	1	6	5	8	4	7	3	9
6	9	3	8	5	1	4	2	7
4	5	7	6	2	9	8	1	3
1	8	2	7	4	3	9	5	6
8	3	1	9	7	5	6	4	2
7	6	4	3	1	2	5	9	8
5	2	9	4	6	8	3	7	1

76

4	8	2	7	3	6	9	5	1
5	1	6	2	8	9	3	4	7
3	9	7	5	1	4	8	2	6
9	7	8	3	5	2	6	1	4
1	6	5	4	9	7	2	8	3
2	3	4	8	6	1	5	7	9
6	2	1	9	4	8	7	3	5
7	5	9	1	2	3	4	6	8
8	4	3	6	7	5	1	9	2

77

5	7	4	6	1	9	8	3	2
1	3	8	7	2	4	6	9	5
9	2	6	3	5	8	1	7	4
4	1	3	9	7	2	5	8	6
7	6	5	8	4	1	3	2	9
2	8	9	5	3	6	7	4	1
8	9	7	2	6	5	4	1	3
3	5	1	4	9	7	2	6	8
6	4	2	1	8	3	9	5	7

78

4	7	8	6	3	9	5	2	1
9	3	6	5	2	1	8	7	4
5	1	2	7	8	4	3	6	9
8	5	7	4	1	2	9	3	6
6	9	1	3	7	8	4	5	2
2	4	3	9	5	6	7	1	8
3	8	9	2	6	5	1	4	7
1	2	5	8	4	7	6	9	3
7	6	4	1	9	3	2	8	5

79

1	5	3	9	4	6	2	7	8
4	2	7	8	3	5	6	9	1
6	9	8	1	7	2	4	3	5
2	3	6	7	5	1	8	4	9
9	7	1	3	8	4	5	6	2
5	8	4	2	6	9	3	1	7
8	6	2	4	1	7	9	5	3
7	4	9	5	2	3	1	8	6
3	1	5	6	9	8	7	2	4

80

6	2	4	8	9	5	3	7	1
8	3	1	7	4	2	9	6	5
5	9	7	1	3	6	2	8	4
3	8	5	2	7	1	4	9	6
1	6	9	4	5	3	7	2	8
4	7	2	9	6	8	5	1	3
9	1	8	5	2	4	6	3	7
2	5	6	3	1	7	8	4	9
7	4	3	6	8	9	1	5	2

81

9	4	2	8	6	3	1	7	5
1	7	3	4	5	9	6	8	2
5	8	6	1	2	7	3	4	9
7	9	8	6	3	5	4	2	1
2	6	4	7	1	8	9	5	3
3	5	1	9	4	2	7	6	8
4	2	5	3	9	6	8	1	7
6	3	7	2	8	1	5	9	4
8	1	9	5	7	4	2	3	6

82

7	4	6	9	3	5	8	1	2
3	5	8	7	1	2	9	4	6
2	9	1	8	4	6	7	5	3
1	2	4	3	7	9	5	6	8
5	7	9	6	8	1	3	2	4
8	6	3	5	2	4	1	7	9
4	8	2	1	5	3	6	9	7
6	1	7	4	9	8	2	3	5
9	3	5	2	6	7	4	8	1

83

8	6	7	9	4	1	5	3	2
5	2	9	7	3	6	8	1	4
4	3	1	2	5	8	7	9	6
6	5	4	8	9	3	1	2	7
9	1	2	4	6	7	3	5	8
3	7	8	1	2	5	4	6	9
1	4	5	6	7	9	2	8	3
7	9	3	5	8	2	6	4	1
2	8	6	3	1	4	9	7	5

84

6	7	3	4	9	1	2	5	8
5	9	8	3	2	6	7	1	4
4	2	1	7	5	8	6	9	3
7	1	4	2	8	3	5	6	9
3	5	6	1	4	9	8	2	7
2	8	9	5	6	7	4	3	1
1	4	5	9	7	2	3	8	6
9	6	2	8	3	4	1	7	5
8	3	7	6	1	5	9	4	2

85

6	3	5	7	4	2	8	1	9
8	7	1	9	6	5	4	2	3
4	9	2	8	1	3	7	6	5
5	1	4	3	7	8	2	9	6
9	6	7	4	2	1	3	5	8
2	8	3	6	5	9	1	4	7
1	4	8	5	9	7	6	3	2
7	2	9	1	3	6	5	8	4
3	5	6	2	8	4	9	7	1

86

4	8	9	5	6	7	1	2	3
6	1	7	2	9	3	8	5	4
2	5	3	8	1	4	6	9	7
3	2	6	7	8	1	9	4	5
9	7	5	6	4	2	3	1	8
8	4	1	9	3	5	2	7	6
5	9	4	3	2	8	7	6	1
1	6	8	4	7	9	5	3	2
7	3	2	1	5	6	4	8	9

87

4	3	2	1	9	6	5	7	8
7	5	1	8	3	4	6	9	2
9	6	8	5	7	2	1	4	3
2	1	4	9	6	3	8	5	7
6	7	5	4	8	1	3	2	9
3	8	9	7	2	5	4	1	6
1	9	3	2	5	8	7	6	4
5	2	6	3	4	7	9	8	1
8	4	7	6	1	9	2	3	5

88

9	5	1	2	6	4	8	7	3
8	7	6	9	5	3	1	4	2
4	3	2	1	8	7	9	6	5
3	8	4	6	9	2	7	5	1
2	6	9	7	1	5	4	3	8
5	1	7	4	3	8	6	2	9
7	9	5	3	4	1	2	8	6
1	2	8	5	7	6	3	9	4
6	4	3	8	2	9	5	1	7

89

3	4	2	5	9	7	8	6	1
6	1	5	3	8	2	9	7	4
8	7	9	6	4	1	3	2	5
2	3	7	9	5	4	1	8	6
9	5	6	2	1	8	4	3	7
4	8	1	7	6	3	2	5	9
5	2	3	1	7	9	6	4	8
7	9	4	8	3	6	5	1	2
1	6	8	4	2	5	7	9	3

90

9	7	2	3	5	6	1	8	4
5	3	8	4	7	1	2	6	9
1	4	6	2	8	9	5	7	3
3	1	7	5	6	4	9	2	8
8	5	4	9	2	7	3	1	6
6	2	9	8	1	3	7	4	5
2	9	5	7	4	8	6	3	1
7	8	1	6	3	5	4	9	2
4	6	3	1	9	2	8	5	7

91

1	8	6	5	7	9	3	2	4
4	2	7	1	3	6	9	8	5
5	9	3	2	4	8	7	6	1
6	1	9	7	2	5	4	3	8
7	4	8	3	6	1	2	5	9
2	3	5	8	9	4	6	1	7
8	6	4	9	5	2	1	7	3
3	5	2	4	1	7	8	9	6
9	7	1	6	8	3	5	4	2

92

7	3	8	2	6	9	1	5	4
1	5	4	8	3	7	9	6	2
2	6	9	5	1	4	8	3	7
5	8	1	9	4	3	7	2	6
6	9	2	7	5	8	4	1	3
3	4	7	1	2	6	5	9	8
9	1	3	4	8	2	6	7	5
8	2	5	6	7	1	3	4	9
4	7	6	3	9	5	2	8	1

93

1	4	2	8	7	9	6	3	5
9	7	6	3	2	5	1	4	8
8	5	3	6	4	1	7	9	2
6	3	9	1	5	7	2	8	4
5	2	8	4	6	3	9	1	7
7	1	4	9	8	2	3	5	6
3	6	5	7	9	4	8	2	1
4	8	1	2	3	6	5	7	9
2	9	7	5	1	8	4	6	3

94

2	1	7	9	8	3	4	6	5
6	3	4	7	5	2	1	8	9
9	8	5	4	1	6	7	2	3
4	7	8	5	2	1	3	9	6
5	6	1	8	3	9	2	4	7
3	2	9	6	4	7	8	5	1
8	4	6	1	7	5	9	3	2
1	9	2	3	6	4	5	7	8
7	5	3	2	9	8	6	1	4

95

3	7	5	4	2	8	6	9	1
6	1	4	5	9	3	8	2	7
8	2	9	6	7	1	5	3	4
7	8	3	9	6	4	1	5	2
4	9	2	8	1	5	3	7	6
5	6	1	2	3	7	9	4	8
9	4	8	7	5	6	2	1	3
2	3	6	1	4	9	7	8	5
1	5	7	3	8	2	4	6	9

96

9	2	6	7	5	1	4	8	3
1	5	3	8	2	4	7	6	9
4	7	8	6	3	9	1	5	2
8	1	5	2	7	6	9	3	4
3	6	7	9	4	5	2	1	8
2	4	9	1	8	3	5	7	6
5	8	1	4	6	2	3	9	7
6	9	4	3	1	7	8	2	5
7	3	2	5	9	8	6	4	1

97

8	1	9	3	5	6	7	4	2
7	2	5	1	4	9	8	3	6
3	4	6	7	8	2	1	9	5
5	6	3	8	9	4	2	7	1
2	9	4	5	1	7	6	8	3
1	8	7	6	2	3	9	5	4
6	3	2	9	7	5	4	1	8
9	5	8	4	6	1	3	2	7
4	7	1	2	3	8	5	6	9

98

3	4	6	8	5	9	1	7	2
9	8	2	1	7	4	5	6	3
5	7	1	3	2	6	4	8	9
1	3	4	2	8	5	7	9	6
2	5	9	4	6	7	3	1	8
7	6	8	9	3	1	2	5	4
6	2	3	7	1	8	9	4	5
4	1	5	6	9	3	8	2	7
8	9	7	5	4	2	6	3	1

99

6	7	4	9	8	3	5	2	1
3	8	5	6	1	2	7	4	9
1	2	9	5	7	4	8	6	3
8	3	6	2	5	7	1	9	4
2	4	7	8	9	1	3	5	6
5	9	1	4	3	6	2	7	8
7	6	3	1	4	5	9	8	2
4	5	8	3	2	9	6	1	7
9	1	2	7	6	8	4	3	5

100

8	9	2	1	3	5	7	6	4
4	7	3	9	2	6	8	5	1
6	1	5	4	7	8	2	3	9
3	2	9	6	5	1	4	8	7
1	5	8	7	9	4	6	2	3
7	6	4	2	8	3	9	1	5
9	4	6	3	1	2	5	7	8
2	8	1	5	4	7	3	9	6
5	3	7	8	6	9	1	4	2

101

6	5	1	8	7	4	9	3	2
7	9	3	2	5	6	1	8	4
2	4	8	1	9	3	7	6	5
4	8	9	3	2	5	6	1	7
3	7	2	6	1	8	5	4	9
5	1	6	9	4	7	8	2	3
8	6	7	5	3	2	4	9	1
9	2	4	7	8	1	3	5	6
1	3	5	4	6	9	2	7	8

102

9	5	6	7	2	3	1	8	4
1	4	3	6	8	5	2	9	7
7	2	8	4	1	9	3	6	5
6	1	4	2	5	8	7	3	9
3	9	7	1	4	6	5	2	8
2	8	5	3	9	7	6	4	1
5	6	9	8	3	1	4	7	2
8	7	2	5	6	4	9	1	3
4	3	1	9	7	2	8	5	6

103

9	3	1	7	8	5	4	6	2
2	8	6	4	1	3	5	9	7
5	7	4	9	2	6	3	8	1
4	9	8	3	7	2	1	5	6
3	1	2	5	6	8	9	7	4
6	5	7	1	4	9	2	3	8
8	6	9	2	3	1	7	4	5
7	2	3	6	5	4	8	1	9
1	4	5	8	9	7	6	2	3

104

5	4	7	2	8	6	9	3	1
9	3	8	7	5	1	4	6	2
1	2	6	3	4	9	7	5	8
3	7	1	8	9	5	6	2	4
2	8	5	6	3	4	1	7	9
4	6	9	1	2	7	3	8	5
7	5	4	9	6	8	2	1	3
8	1	2	4	7	3	5	9	6
6	9	3	5	1	2	8	4	7

105

8	5	2	4	7	9	3	6	1
7	1	3	2	5	6	9	8	4
6	9	4	3	1	8	5	7	2
2	6	5	8	9	7	1	4	3
1	4	9	6	2	3	7	5	8
3	7	8	1	4	5	2	9	6
9	2	1	5	8	4	6	3	7
4	3	7	9	6	2	8	1	5
5	8	6	7	3	1	4	2	9

106

9	2	5	3	7	8	6	4	1
8	4	1	9	2	6	5	3	7
3	7	6	5	1	4	2	9	8
2	9	3	6	8	1	7	5	4
6	1	8	7	4	5	3	2	9
4	5	7	2	9	3	8	1	6
1	3	4	8	6	2	9	7	5
5	8	9	4	3	7	1	6	2
7	6	2	1	5	9	4	8	3

107

2	9	1	5	7	4	6	8	3
7	3	6	2	8	1	5	4	9
8	4	5	3	9	6	7	1	2
4	1	7	8	2	3	9	5	6
6	2	3	1	5	9	4	7	8
5	8	9	6	4	7	3	2	1
9	6	2	4	1	5	8	3	7
1	7	4	9	3	8	2	6	5
3	5	8	7	6	2	1	9	4

108

5	3	7	8	1	9	2	4	6
9	8	4	2	6	7	3	1	5
6	2	1	5	3	4	9	7	8
1	6	3	4	2	8	5	9	7
8	9	5	1	7	3	6	2	4
4	7	2	9	5	6	1	8	3
2	4	8	6	9	5	7	3	1
7	5	9	3	4	1	8	6	2
3	1	6	7	8	2	4	5	9

109

7	5	8	9	2	3	1	6	4
9	1	6	4	7	8	2	5	3
4	3	2	5	6	1	8	7	9
5	8	9	7	4	6	3	2	1
6	2	3	1	8	9	7	4	5
1	7	4	3	5	2	9	8	6
2	4	1	6	9	7	5	3	8
3	6	7	8	1	5	4	9	2
8	9	5	2	3	4	6	1	7

110

6	5	3	8	4	7	9	2	1
9	4	7	3	1	2	5	8	6
8	1	2	6	9	5	3	4	7
4	7	8	2	6	9	1	3	5
3	2	9	5	8	1	6	7	4
5	6	1	4	7	3	2	9	8
7	9	5	1	3	8	4	6	2
1	8	6	9	2	4	7	5	3
2	3	4	7	5	6	8	1	9

111

6	8	9	1	7	5	2	3	4
3	2	1	8	4	6	5	9	7
4	7	5	3	2	9	8	1	6
1	6	3	4	5	2	7	8	9
7	5	2	9	8	1	6	4	3
9	4	8	7	6	3	1	2	5
5	3	6	2	9	8	4	7	1
2	1	7	6	3	4	9	5	8
8	9	4	5	1	7	3	6	2

112

4	1	2	9	8	6	7	3	5
8	9	6	7	5	3	4	2	1
7	5	3	2	4	1	9	6	8
1	3	5	8	9	4	2	7	6
2	8	9	1	6	7	5	4	3
6	7	4	5	3	2	8	1	9
5	4	1	3	2	8	6	9	7
3	6	8	4	7	9	1	5	2
9	2	7	6	1	5	3	8	4

113

3	8	4	5	7	1	9	2	6
9	2	5	3	4	6	8	7	1
6	1	7	8	2	9	4	3	5
4	9	8	6	3	2	5	1	7
5	6	3	1	8	7	2	4	9
1	7	2	9	5	4	6	8	3
7	5	1	2	6	8	3	9	4
8	3	9	4	1	5	7	6	2
2	4	6	7	9	3	1	5	8

114

3	7	4	9	6	8	1	2	5
1	8	9	2	4	5	6	3	7
2	6	5	3	1	7	9	8	4
7	1	8	5	3	6	2	4	9
9	3	6	4	7	2	8	5	1
5	4	2	8	9	1	3	7	6
6	5	3	7	2	9	4	1	8
4	9	7	1	8	3	5	6	2
8	2	1	6	5	4	7	9	3

115

7	3	6	2	1	8	5	4	9
1	4	8	7	9	5	6	3	2
2	9	5	3	6	4	8	1	7
8	5	7	9	2	3	4	6	1
3	1	9	8	4	6	7	2	5
4	6	2	1	5	7	9	8	3
5	2	3	4	8	9	1	7	6
6	7	4	5	3	1	2	9	8
9	8	1	6	7	2	3	5	4

116

1	3	5	2	6	9	8	4	7
4	9	8	5	3	7	2	1	6
7	6	2	1	4	8	9	5	3
9	1	4	7	5	2	6	3	8
2	5	3	6	8	1	4	7	9
8	7	6	4	9	3	1	2	5
6	2	7	9	1	5	3	8	4
3	4	1	8	7	6	5	9	2
5	8	9	3	2	4	7	6	1

117

6	8	1	7	4	3	2	9	5
3	7	5	2	1	9	6	8	4
9	4	2	5	6	8	1	7	3
2	1	3	4	8	6	9	5	7
8	6	9	1	5	7	4	3	2
4	5	7	9	3	2	8	6	1
1	9	8	3	2	5	7	4	6
7	3	4	6	9	1	5	2	8
5	2	6	8	7	4	3	1	9

118

6	5	8	4	9	7	3	1	2
2	4	3	1	6	8	7	5	9
9	1	7	2	5	3	4	8	6
7	3	2	6	8	4	5	9	1
5	6	1	9	3	2	8	7	4
8	9	4	7	1	5	2	6	3
3	7	6	5	2	1	9	4	8
1	2	5	8	4	9	6	3	7
4	8	9	3	7	6	1	2	5

119

5	6	3	9	1	8	7	4	2
4	2	1	7	5	6	9	8	3
8	7	9	4	3	2	1	6	5
6	5	8	1	2	7	4	3	9
3	1	4	5	8	9	6	2	7
2	9	7	3	6	4	8	5	1
1	4	2	6	9	3	5	7	8
9	8	6	2	7	5	3	1	4
7	3	5	8	4	1	2	9	6

120

8	9	4	3	2	6	5	1	7
6	3	7	1	5	9	4	2	8
5	1	2	7	8	4	6	3	9
1	5	9	4	6	3	7	8	2
4	7	3	2	1	8	9	6	5
2	8	6	9	7	5	3	4	1
3	2	1	6	9	7	8	5	4
9	6	8	5	4	2	1	7	3
7	4	5	8	3	1	2	9	6

121

6	9	8	7	4	2	1	3	5
3	2	5	8	6	1	7	4	9
1	7	4	9	3	5	8	2	6
8	6	3	1	9	4	5	7	2
9	5	2	6	7	8	4	1	3
7	4	1	2	5	3	6	9	8
4	3	7	5	8	9	2	6	1
5	1	6	3	2	7	9	8	4
2	8	9	4	1	6	3	5	7

122

7	6	3	5	8	1	9	4	2
1	4	2	3	9	6	7	5	8
5	9	8	7	4	2	1	3	6
6	8	9	4	2	3	5	1	7
3	1	5	8	6	7	4	2	9
2	7	4	1	5	9	6	8	3
9	3	1	2	7	5	8	6	4
4	5	7	6	3	8	2	9	1
8	2	6	9	1	4	3	7	5

123

9	6	4	5	8	2	3	1	7
3	5	8	7	4	1	9	2	6
1	2	7	9	3	6	5	4	8
6	7	1	3	2	9	4	8	5
5	8	9	4	6	7	2	3	1
2	4	3	1	5	8	7	6	9
8	9	2	6	7	3	1	5	4
4	1	6	2	9	5	8	7	3
7	3	5	8	1	4	6	9	2

124

1	7	6	9	5	8	4	3	2
3	8	4	6	2	1	7	5	9
9	5	2	7	3	4	8	1	6
4	6	1	3	8	2	9	7	5
2	3	7	5	1	9	6	8	4
5	9	8	4	7	6	3	2	1
8	2	9	1	6	7	5	4	3
6	1	5	8	4	3	2	9	7
7	4	3	2	9	5	1	6	8

125

8	5	6	3	7	2	4	1	9
1	7	4	8	6	9	2	3	5
2	9	3	5	4	1	8	7	6
7	8	9	2	3	5	6	4	1
5	6	1	7	9	4	3	8	2
4	3	2	6	1	8	9	5	7
6	1	8	9	5	3	7	2	4
9	2	5	4	8	7	1	6	3
3	4	7	1	2	6	5	9	8

126

1	5	3	4	9	6	7	2	8
7	8	4	5	2	3	6	9	1
2	9	6	7	1	8	3	4	5
8	3	2	1	6	7	9	5	4
6	1	9	8	4	5	2	7	3
4	7	5	9	3	2	1	8	6
9	2	8	6	5	1	4	3	7
5	4	1	3	7	9	8	6	2
3	6	7	2	8	4	5	1	9

127

2	9	8	1	5	4	6	7	3
6	1	7	9	2	3	5	4	8
4	5	3	6	7	8	2	9	1
9	7	6	5	8	1	4	3	2
8	3	1	2	4	7	9	6	5
5	2	4	3	9	6	8	1	7
1	4	9	8	3	2	7	5	6
3	8	5	7	6	9	1	2	4
7	6	2	4	1	5	3	8	9

128

6	8	1	9	3	2	7	4	5
7	5	2	1	4	8	3	9	6
3	9	4	5	7	6	1	8	2
9	2	7	8	1	3	5	6	4
8	1	5	4	6	9	2	7	3
4	6	3	7	2	5	8	1	9
2	7	6	3	9	1	4	5	8
5	4	9	2	8	7	6	3	1
1	3	8	6	5	4	9	2	7

129

5	4	6	9	3	2	7	8	1
9	1	2	8	4	7	3	5	6
3	8	7	5	6	1	9	4	2
2	9	4	7	5	6	1	3	8
8	5	1	4	9	3	6	2	7
6	7	3	2	1	8	5	9	4
4	3	8	1	7	5	2	6	9
7	2	5	6	8	9	4	1	3
1	6	9	3	2	4	8	7	5

130

9	6	2	4	7	1	3	8	5
8	4	3	2	5	6	9	1	7
1	5	7	3	9	8	2	4	6
5	9	6	8	3	2	1	7	4
2	7	4	6	1	5	8	3	9
3	1	8	7	4	9	6	5	2
4	8	9	5	6	3	7	2	1
6	2	5	1	8	7	4	9	3
7	3	1	9	2	4	5	6	8

131

8	1	2	7	4	3	9	5	6
3	6	9	5	8	1	4	2	7
7	4	5	2	9	6	8	3	1
4	7	1	3	5	9	2	6	8
5	2	8	1	6	7	3	4	9
6	9	3	8	2	4	7	1	5
9	3	4	6	7	5	1	8	2
1	8	6	9	3	2	5	7	4
2	5	7	4	1	8	6	9	3

132

8	3	9	6	4	1	7	2	5
5	6	2	7	9	3	4	8	1
4	7	1	2	5	8	9	6	3
2	8	6	1	7	9	3	5	4
3	1	5	8	2	4	6	9	7
9	4	7	3	6	5	2	1	8
7	2	8	4	1	6	5	3	9
1	9	4	5	3	2	8	7	6
6	5	3	9	8	7	1	4	2

133

8	6	9	5	3	2	4	7	1
1	4	5	9	7	6	8	3	2
3	7	2	1	4	8	9	6	5
4	5	7	8	2	3	1	9	6
6	2	1	4	5	9	3	8	7
9	8	3	6	1	7	2	5	4
7	9	8	2	6	4	5	1	3
5	3	4	7	8	1	6	2	9
2	1	6	3	9	5	7	4	8

134

6	1	9	5	7	4	2	8	3
7	2	4	8	6	3	1	5	9
5	3	8	9	1	2	7	4	6
3	8	5	7	2	1	9	6	4
2	4	6	3	8	9	5	7	1
9	7	1	4	5	6	8	3	2
1	5	2	6	3	7	4	9	8
4	6	7	2	9	8	3	1	5
8	9	3	1	4	5	6	2	7

135

1	8	4	7	2	9	6	3	5
9	6	5	8	3	4	2	7	1
2	7	3	6	1	5	4	8	9
8	9	2	3	7	6	1	5	4
3	4	1	5	8	2	7	9	6
6	5	7	9	4	1	8	2	3
7	2	9	4	6	3	5	1	8
4	3	8	1	5	7	9	6	2
5	1	6	2	9	8	3	4	7

136

6	5	7	3	1	2	8	9	4
8	2	1	6	9	4	5	7	3
9	3	4	8	5	7	1	2	6
5	7	3	9	4	1	2	6	8
4	8	2	7	6	3	9	1	5
1	6	9	2	8	5	4	3	7
3	9	6	4	2	8	7	5	1
2	4	5	1	7	6	3	8	9
7	1	8	5	3	9	6	4	2

137

3	9	5	8	2	1	7	6	4
8	6	7	9	4	5	3	2	1
2	4	1	6	3	7	5	8	9
5	2	9	1	7	6	4	3	8
6	8	3	4	5	9	1	7	2
1	7	4	2	8	3	6	9	5
9	5	2	3	6	4	8	1	7
4	1	6	7	9	8	2	5	3
7	3	8	5	1	2	9	4	6

138

5	7	9	8	4	2	6	3	1
2	6	3	9	1	5	8	4	7
8	1	4	6	7	3	5	9	2
1	3	8	2	6	4	7	5	9
7	2	5	1	9	8	4	6	3
4	9	6	3	5	7	2	1	8
3	4	2	5	8	9	1	7	6
9	5	1	7	2	6	3	8	4
6	8	7	4	3	1	9	2	5

139

6	5	7	4	9	8	3	1	2
1	9	4	3	6	2	8	7	5
2	3	8	5	7	1	9	4	6
4	1	9	2	5	6	7	3	8
7	8	5	9	3	4	2	6	1
3	2	6	1	8	7	5	9	4
5	7	2	6	4	9	1	8	3
8	4	3	7	1	5	6	2	9
9	6	1	8	2	3	4	5	7

140

5	6	1	2	7	9	4	3	8
8	2	4	6	3	1	5	9	7
3	9	7	5	4	8	1	6	2
6	8	5	9	2	3	7	4	1
7	1	9	8	6	4	3	2	5
2	4	3	7	1	5	6	8	9
1	7	6	3	8	2	9	5	4
4	5	8	1	9	6	2	7	3
9	3	2	4	5	7	8	1	6

141

1	6	5	8	3	7	9	2	4
2	7	9	1	4	6	3	5	8
8	4	3	2	9	5	1	6	7
6	9	8	7	5	2	4	3	1
7	2	1	3	8	4	5	9	6
5	3	4	6	1	9	8	7	2
4	1	7	9	6	3	2	8	5
3	8	2	5	7	1	6	4	9
9	5	6	4	2	8	7	1	3

142

9	2	6	8	7	4	1	5	3
8	1	4	3	5	6	9	7	2
3	7	5	1	2	9	4	8	6
1	6	9	4	8	2	7	3	5
5	3	2	6	1	7	8	9	4
4	8	7	9	3	5	6	2	1
7	9	3	5	4	1	2	6	8
6	4	8	2	9	3	5	1	7
2	5	1	7	6	8	3	4	9

143

6	2	8	7	5	1	4	9	3
5	3	9	2	4	8	1	7	6
4	1	7	6	9	3	5	2	8
9	5	2	1	6	7	8	3	4
7	4	1	8	3	5	9	6	2
3	8	6	4	2	9	7	5	1
2	7	4	9	1	6	3	8	5
1	9	3	5	8	2	6	4	7
8	6	5	3	7	4	2	1	9

144

4	1	8	9	2	7	3	5	6
3	5	7	6	4	8	9	2	1
9	2	6	3	1	5	4	7	8
8	6	9	1	7	2	5	4	3
5	7	4	8	3	9	6	1	2
1	3	2	5	6	4	7	8	9
6	8	1	7	5	3	2	9	4
7	4	3	2	9	1	8	6	5
2	9	5	4	8	6	1	3	7

145

8	6	4	1	5	3	2	9	7
9	3	7	4	2	8	6	1	5
2	1	5	7	6	9	3	8	4
3	7	2	8	4	1	9	5	6
6	4	1	2	9	5	8	7	3
5	8	9	6	3	7	4	2	1
7	9	6	3	1	2	5	4	8
1	5	3	9	8	4	7	6	2
4	2	8	5	7	6	1	3	9

146

5	4	3	1	6	8	7	2	9
1	8	9	2	3	7	4	6	5
7	6	2	5	9	4	1	8	3
4	9	6	7	1	5	2	3	8
3	2	7	4	8	6	5	9	1
8	1	5	9	2	3	6	7	4
9	5	4	8	7	2	3	1	6
6	7	1	3	4	9	8	5	2
2	3	8	6	5	1	9	4	7

147

2	6	9	8	1	4	3	7	5
3	1	8	9	7	5	6	2	4
7	5	4	3	2	6	1	8	9
8	9	6	5	4	3	7	1	2
1	7	3	6	9	2	5	4	8
5	4	2	1	8	7	9	6	3
6	2	1	4	3	9	8	5	7
4	3	5	7	6	8	2	9	1
9	8	7	2	5	1	4	3	6

148

2	5	3	8	7	9	4	6	1
6	1	8	3	2	4	9	5	7
7	4	9	1	5	6	3	2	8
5	6	7	4	1	3	8	9	2
9	8	2	7	6	5	1	4	3
4	3	1	9	8	2	6	7	5
3	2	4	5	9	1	7	8	6
1	7	6	2	4	8	5	3	9
8	9	5	6	3	7	2	1	4

149

8	4	9	2	7	5	1	6	3
7	3	5	9	6	1	4	2	8
1	2	6	8	3	4	9	7	5
3	8	4	1	9	7	6	5	2
2	9	1	5	8	6	3	4	7
5	6	7	4	2	3	8	1	9
6	1	8	7	5	9	2	3	4
9	7	3	6	4	2	5	8	1
4	5	2	3	1	8	7	9	6

150

2	3	5	8	9	6	7	1	4
7	8	6	1	4	3	2	9	5
9	4	1	5	7	2	6	3	8
4	7	3	2	5	9	8	6	1
6	1	2	4	3	8	5	7	9
8	5	9	7	6	1	3	4	2
5	9	7	6	8	4	1	2	3
3	2	8	9	1	7	4	5	6
1	6	4	3	2	5	9	8	7

151

6	1	9	4	3	7	2	5	8
3	8	2	1	5	9	4	7	6
7	5	4	8	2	6	9	1	3
8	3	5	2	6	4	7	9	1
1	2	7	3	9	5	8	6	4
9	4	6	7	8	1	5	3	2
2	7	8	5	1	3	6	4	9
4	9	3	6	7	2	1	8	5
5	6	1	9	4	8	3	2	7

152

5	3	4	9	1	2	8	7	6
2	6	1	7	4	8	3	5	9
7	8	9	3	5	6	1	2	4
3	4	8	6	2	7	5	9	1
6	5	2	1	3	9	7	4	8
1	9	7	4	8	5	6	3	2
8	7	3	2	6	4	9	1	5
4	1	6	5	9	3	2	8	7
9	2	5	8	7	1	4	6	3

153

2	9	8	3	1	7	4	5	6
3	6	5	9	4	2	7	1	8
7	1	4	8	5	6	2	3	9
4	3	6	1	7	5	9	8	2
9	5	7	6	2	8	1	4	3
1	8	2	4	3	9	6	7	5
6	4	1	2	8	3	5	9	7
5	2	3	7	9	1	8	6	4
8	7	9	5	6	4	3	2	1

154

9	1	3	4	5	7	8	6	2
6	2	7	8	3	9	1	4	5
4	8	5	1	2	6	7	9	3
5	7	6	2	4	1	9	3	8
2	4	8	9	7	3	6	5	1
3	9	1	6	8	5	4	2	7
1	5	4	7	9	2	3	8	6
7	3	9	5	6	8	2	1	4
8	6	2	3	1	4	5	7	9

155

7	4	5	6	1	2	3	9	8
2	1	3	7	9	8	6	5	4
6	8	9	4	5	3	1	7	2
5	3	2	1	7	9	4	8	6
4	7	1	3	8	6	5	2	9
8	9	6	5	2	4	7	3	1
3	2	7	8	6	1	9	4	5
9	6	4	2	3	5	8	1	7
1	5	8	9	4	7	2	6	3

156

2	3	4	8	5	1	6	9	7
6	8	1	2	9	7	3	4	5
9	7	5	4	3	6	1	2	8
5	9	8	7	6	3	2	1	4
7	6	2	1	8	4	9	5	3
4	1	3	9	2	5	8	7	6
8	4	7	6	1	9	5	3	2
1	5	6	3	7	2	4	8	9
3	2	9	5	4	8	7	6	1

157

1	3	8	2	4	9	7	5	6
2	9	7	5	1	6	4	3	8
5	4	6	8	7	3	1	2	9
7	2	3	9	8	1	5	6	4
8	5	9	7	6	4	3	1	2
6	1	4	3	2	5	9	8	7
9	6	2	1	3	7	8	4	5
4	7	1	6	5	8	2	9	3
3	8	5	4	9	2	6	7	1

158

6	8	1	2	5	4	9	3	7
4	3	5	1	9	7	8	2	6
9	2	7	8	3	6	5	4	1
7	5	8	4	1	3	6	9	2
1	4	6	9	2	5	7	8	3
3	9	2	7	6	8	1	5	4
5	1	3	6	4	9	2	7	8
8	6	9	3	7	2	4	1	5
2	7	4	5	8	1	3	6	9

159

9	1	6	3	4	2	7	5	8
2	5	4	8	6	7	9	1	3
8	7	3	9	1	5	2	6	4
7	4	1	5	8	3	6	2	9
3	9	5	4	2	6	1	8	7
6	2	8	7	9	1	4	3	5
4	3	2	1	7	8	5	9	6
1	8	7	6	5	9	3	4	2
5	6	9	2	3	4	8	7	1

160

7	3	4	8	1	2	6	9	5
1	2	6	9	5	7	3	8	4
5	9	8	3	6	4	2	7	1
3	4	7	5	9	6	8	1	2
2	5	1	4	3	8	7	6	9
8	6	9	7	2	1	4	5	3
9	7	2	6	4	5	1	3	8
6	1	3	2	8	9	5	4	7
4	8	5	1	7	3	9	2	6

161

6	8	2	5	1	9	7	3	4
9	5	3	4	7	8	2	1	6
4	1	7	3	2	6	8	5	9
5	2	6	1	9	7	4	8	3
3	4	8	6	5	2	1	9	7
7	9	1	8	3	4	6	2	5
1	6	4	9	8	5	3	7	2
2	3	5	7	4	1	9	6	8
8	7	9	2	6	3	5	4	1

162

5	1	3	6	7	4	2	9	8
7	4	8	9	5	2	6	1	3
9	2	6	1	3	8	4	7	5
2	3	5	4	1	9	8	6	7
8	6	4	5	2	7	9	3	1
1	9	7	8	6	3	5	2	4
4	8	1	3	9	6	7	5	2
6	5	2	7	4	1	3	8	9
3	7	9	2	8	5	1	4	6

163

7	9	6	8	4	5	3	2	1
8	2	3	1	9	6	7	4	5
5	4	1	7	2	3	6	8	9
2	5	7	3	8	9	1	6	4
4	1	9	5	6	2	8	3	7
6	3	8	4	1	7	9	5	2
9	6	5	2	3	1	4	7	8
3	8	2	9	7	4	5	1	6
1	7	4	6	5	8	2	9	3

164

2	8	4	7	1	9	6	3	5
5	1	6	4	2	3	9	7	8
9	3	7	5	6	8	4	1	2
1	6	3	8	4	5	2	9	7
4	7	9	2	3	6	5	8	1
8	2	5	9	7	1	3	6	4
7	4	8	3	9	2	1	5	6
6	9	2	1	5	7	8	4	3
3	5	1	6	8	4	7	2	9

165

4	7	9	5	2	8	6	1	3
6	8	5	4	3	1	2	9	7
3	2	1	9	6	7	8	4	5
7	6	8	3	1	9	5	2	4
9	1	4	2	7	5	3	6	8
5	3	2	6	8	4	9	7	1
1	9	3	8	4	2	7	5	6
2	4	6	7	5	3	1	8	9
8	5	7	1	9	6	4	3	2

166

3	2	9	6	8	7	4	1	5
5	4	6	3	1	2	7	8	9
7	1	8	9	4	5	2	6	3
9	8	2	5	6	3	1	4	7
4	6	5	1	7	9	3	2	8
1	3	7	8	2	4	9	5	6
2	5	4	7	3	8	6	9	1
6	9	3	2	5	1	8	7	4
8	7	1	4	9	6	5	3	2

167

3	7	9	4	8	2	1	6	5
5	6	4	9	1	3	2	7	8
8	1	2	6	5	7	4	3	9
7	2	8	3	4	6	9	5	1
4	9	6	1	7	5	8	2	3
1	3	5	8	2	9	7	4	6
2	8	7	5	3	1	6	9	4
6	4	3	2	9	8	5	1	7
9	5	1	7	6	4	3	8	2

168

4	7	3	9	6	2	8	1	5
8	5	9	1	4	3	6	7	2
6	2	1	5	7	8	9	3	4
9	4	5	2	3	6	7	8	1
3	6	7	8	5	1	2	4	9
2	1	8	7	9	4	3	5	6
5	8	2	6	1	7	4	9	3
7	9	4	3	2	5	1	6	8
1	3	6	4	8	9	5	2	7

169

4	7	6	1	5	9	3	8	2
3	1	2	7	8	4	6	9	5
9	8	5	2	6	3	7	4	1
2	6	3	9	4	7	1	5	8
8	5	7	6	1	2	9	3	4
1	9	4	8	3	5	2	7	6
5	3	9	4	2	1	8	6	7
7	2	8	5	9	6	4	1	3
6	4	1	3	7	8	5	2	9

170

1	8	4	2	5	7	9	3	6
7	3	6	4	9	1	5	2	8
2	9	5	3	8	6	7	1	4
8	4	1	6	3	5	2	7	9
3	2	9	7	1	4	6	8	5
5	6	7	8	2	9	1	4	3
4	7	3	9	6	2	8	5	1
6	1	2	5	4	8	3	9	7
9	5	8	1	7	3	4	6	2

171

9	3	6	2	1	7	8	5	4
8	2	7	4	5	6	1	9	3
1	5	4	9	3	8	6	2	7
2	7	8	1	4	5	3	6	9
6	1	3	8	7	9	5	4	2
5	4	9	3	6	2	7	1	8
7	9	2	5	8	1	4	3	6
3	8	5	6	2	4	9	7	1
4	6	1	7	9	3	2	8	5

172

6	5	3	1	4	2	8	7	9
8	7	1	6	3	9	4	2	5
4	9	2	8	5	7	1	3	6
7	4	6	3	1	8	9	5	2
3	1	9	4	2	5	7	6	8
5	2	8	9	7	6	3	4	1
2	8	5	7	9	3	6	1	4
9	3	4	2	6	1	5	8	7
1	6	7	5	8	4	2	9	3

173

8	9	3	6	5	2	7	1	4
1	7	6	3	9	4	2	8	5
5	4	2	7	8	1	3	6	9
7	2	5	8	3	9	1	4	6
9	3	1	4	6	5	8	7	2
4	6	8	1	2	7	9	5	3
2	5	4	9	1	8	6	3	7
6	1	7	2	4	3	5	9	8
3	8	9	5	7	6	4	2	1

174

4	9	6	7	3	5	1	2	8
8	3	1	9	4	2	7	6	5
2	7	5	8	1	6	3	4	9
1	8	3	6	5	4	2	9	7
5	6	7	2	9	3	4	8	1
9	2	4	1	7	8	6	5	3
6	5	8	3	2	7	9	1	4
7	4	9	5	6	1	8	3	2
3	1	2	4	8	9	5	7	6

175

7	3	8	6	9	1	4	2	5
4	6	5	8	3	2	9	1	7
1	2	9	7	5	4	6	8	3
6	5	4	3	2	9	1	7	8
9	1	7	4	8	5	2	3	6
2	8	3	1	6	7	5	4	9
3	9	2	5	4	8	7	6	1
5	7	6	2	1	3	8	9	4
8	4	1	9	7	6	3	5	2

176

5	4	6	3	1	7	2	8	9
9	1	2	6	4	8	5	3	7
3	7	8	2	9	5	6	4	1
7	2	3	5	8	6	1	9	4
4	6	1	7	3	9	8	2	5
8	9	5	4	2	1	7	6	3
1	5	4	8	6	3	9	7	2
6	3	9	1	7	2	4	5	8
2	8	7	9	5	4	3	1	6

177

8	7	2	3	9	5	6	1	4
3	6	4	1	7	8	9	2	5
9	5	1	4	2	6	3	7	8
4	1	7	5	8	3	2	9	6
5	9	3	6	4	2	1	8	7
6	2	8	9	1	7	5	4	3
2	8	6	7	5	1	4	3	9
1	4	5	8	3	9	7	6	2
7	3	9	2	6	4	8	5	1

178

3	2	9	4	1	7	8	6	5
4	6	5	9	2	8	7	1	3
7	8	1	3	5	6	2	4	9
9	5	6	1	3	2	4	7	8
8	4	3	6	7	9	5	2	1
1	7	2	8	4	5	9	3	6
6	3	8	7	9	4	1	5	2
5	1	7	2	8	3	6	9	4
2	9	4	5	6	1	3	8	7

179

7	4	8	1	6	2	3	9	5
9	1	2	5	3	7	6	4	8
3	6	5	9	8	4	7	2	1
5	9	6	7	2	1	8	3	4
4	2	7	3	9	8	1	5	6
8	3	1	4	5	6	9	7	2
2	5	9	6	1	3	4	8	7
1	8	4	2	7	9	5	6	3
6	7	3	8	4	5	2	1	9

180

6	8	4	1	7	9	2	5	3
7	9	3	6	2	5	4	1	8
5	2	1	3	8	4	7	6	9
9	4	6	5	3	8	1	2	7
2	5	8	7	6	1	3	9	4
3	1	7	9	4	2	6	8	5
8	3	9	2	1	7	5	4	6
1	7	5	4	9	6	8	3	2
4	6	2	8	5	3	9	7	1

181

4	3	2	5	1	8	6	7	9
8	9	6	7	4	3	2	1	5
5	7	1	9	2	6	4	8	3
6	4	9	3	5	1	7	2	8
3	1	8	6	7	2	9	5	4
7	2	5	8	9	4	1	3	6
9	8	7	1	6	5	3	4	2
2	6	3	4	8	7	5	9	1
1	5	4	2	3	9	8	6	7

182

9	8	1	6	2	3	7	4	5
6	2	4	8	5	7	9	1	3
7	5	3	9	1	4	8	6	2
4	6	9	1	3	8	5	2	7
8	3	7	5	4	2	6	9	1
2	1	5	7	9	6	3	8	4
1	4	8	3	6	5	2	7	9
5	7	2	4	8	9	1	3	6
3	9	6	2	7	1	4	5	8

183

2	6	8	3	4	5	1	9	7
1	3	7	9	2	6	4	5	8
9	4	5	7	1	8	6	3	2
5	1	2	8	3	4	9	7	6
3	8	9	1	6	7	5	2	4
6	7	4	5	9	2	8	1	3
4	5	3	2	8	9	7	6	1
8	9	1	6	7	3	2	4	5
7	2	6	4	5	1	3	8	9

184

2	6	3	4	1	9	8	7	5
4	8	9	7	5	6	3	1	2
1	5	7	3	8	2	4	6	9
5	1	6	8	2	4	7	9	3
7	4	2	9	6	3	1	5	8
9	3	8	1	7	5	6	2	4
8	7	4	5	9	1	2	3	6
6	9	1	2	3	8	5	4	7
3	2	5	6	4	7	9	8	1

185

1	8	5	3	4	7	2	9	6
9	6	4	1	5	2	8	3	7
7	3	2	9	6	8	4	5	1
2	7	6	5	9	3	1	4	8
5	1	3	2	8	4	7	6	9
8	4	9	6	7	1	5	2	3
4	2	1	8	3	6	9	7	5
6	9	7	4	1	5	3	8	2
3	5	8	7	2	9	6	1	4

186

4	3	9	1	2	5	8	7	6
8	1	5	7	9	6	3	4	2
2	7	6	4	8	3	9	5	1
5	9	4	6	7	2	1	3	8
3	6	8	5	4	1	7	2	9
7	2	1	9	3	8	5	6	4
1	4	7	2	5	9	6	8	3
9	5	3	8	6	4	2	1	7
6	8	2	3	1	7	4	9	5

187

2	8	4	5	7	3	9	1	6
9	5	7	6	1	8	3	4	2
3	6	1	2	9	4	7	5	8
1	4	9	8	5	6	2	3	7
5	2	6	7	3	9	1	8	4
8	7	3	4	2	1	5	6	9
4	3	2	1	6	7	8	9	5
6	9	5	3	8	2	4	7	1
7	1	8	9	4	5	6	2	3

188

8	9	4	3	7	5	6	1	2
7	6	2	4	8	1	5	3	9
5	1	3	2	6	9	8	7	4
9	7	5	8	1	2	4	6	3
4	8	1	6	9	3	7	2	5
2	3	6	7	5	4	1	9	8
6	5	9	1	3	8	2	4	7
1	2	8	9	4	7	3	5	6
3	4	7	5	2	6	9	8	1

189

3	1	2	5	4	7	9	8	6
7	6	9	8	1	2	4	5	3
4	8	5	3	6	9	2	1	7
2	5	6	4	8	1	3	7	9
1	3	7	9	2	5	6	4	8
8	9	4	7	3	6	1	2	5
5	4	3	1	9	8	7	6	2
9	2	8	6	7	4	5	3	1
6	7	1	2	5	3	8	9	4

190

3	6	9	8	1	7	4	2	5
4	2	5	6	9	3	1	7	8
7	8	1	5	2	4	9	6	3
9	7	6	2	4	5	3	8	1
2	1	3	9	7	8	6	5	4
8	5	4	3	6	1	7	9	2
1	9	8	7	3	2	5	4	6
6	4	2	1	5	9	8	3	7
5	3	7	4	8	6	2	1	9

191

2	5	6	7	1	9	4	3	8
8	7	3	5	4	2	9	1	6
1	9	4	3	6	8	2	7	5
6	3	9	8	7	1	5	4	2
5	1	8	2	3	4	7	6	9
7	4	2	6	9	5	3	8	1
4	6	1	9	5	7	8	2	3
9	8	7	1	2	3	6	5	4
3	2	5	4	8	6	1	9	7

192

6	7	8	9	1	5	2	4	3
9	1	4	7	2	3	8	6	5
5	2	3	8	6	4	9	7	1
4	9	2	6	8	1	5	3	7
7	5	6	3	4	2	1	8	9
8	3	1	5	7	9	4	2	6
2	6	7	1	5	8	3	9	4
3	4	5	2	9	7	6	1	8
1	8	9	4	3	6	7	5	2

193

9	4	8	5	2	6	1	7	3
2	1	6	3	7	4	9	8	5
5	3	7	8	9	1	2	6	4
3	6	5	4	1	7	8	9	2
4	9	2	6	8	3	7	5	1
7	8	1	9	5	2	4	3	6
6	5	9	1	4	8	3	2	7
8	2	4	7	3	5	6	1	9
1	7	3	2	6	9	5	4	8

194

3	2	5	1	8	9	7	4	6
9	7	8	6	4	5	3	1	2
6	4	1	2	3	7	8	5	9
4	5	7	9	1	2	6	8	3
1	9	2	8	6	3	5	7	4
8	3	6	5	7	4	2	9	1
5	1	9	3	2	8	4	6	7
7	6	3	4	5	1	9	2	8
2	8	4	7	9	6	1	3	5

195

9	8	5	3	6	7	1	2	4
6	3	7	4	1	2	5	9	8
1	4	2	5	9	8	7	6	3
8	7	4	6	2	5	9	3	1
3	1	6	8	4	9	2	7	5
5	2	9	1	7	3	4	8	6
7	6	3	2	5	1	8	4	9
4	9	1	7	8	6	3	5	2
2	5	8	9	3	4	6	1	7

196

3	8	5	1	6	9	2	7	4
1	4	7	5	2	3	6	9	8
2	6	9	4	7	8	1	5	3
9	1	8	6	3	5	4	2	7
4	3	6	2	9	7	8	1	5
7	5	2	8	1	4	3	6	9
8	9	1	3	5	6	7	4	2
5	2	4	7	8	1	9	3	6
6	7	3	9	4	2	5	8	1

197

6	1	4	2	5	8	7	3	9
3	8	7	1	9	4	5	6	2
9	5	2	7	6	3	4	8	1
7	3	5	9	4	1	6	2	8
8	2	6	5	3	7	9	1	4
4	9	1	8	2	6	3	7	5
5	4	3	6	1	2	8	9	7
2	7	9	3	8	5	1	4	6
1	6	8	4	7	9	2	5	3

198

8	9	5	3	1	4	7	2	6
3	4	6	8	7	2	5	9	1
7	1	2	6	9	5	3	8	4
5	2	7	1	3	9	6	4	8
4	3	8	2	6	7	1	5	9
9	6	1	5	4	8	2	3	7
1	5	9	4	2	6	8	7	3
6	8	4	7	5	3	9	1	2
2	7	3	9	8	1	4	6	5

199

2	6	7	9	8	1	4	5	3
8	3	4	5	6	2	1	7	9
1	5	9	3	7	4	6	8	2
4	7	1	6	9	5	2	3	8
5	8	6	4	2	3	7	9	1
9	2	3	7	1	8	5	4	6
7	4	8	1	3	6	9	2	5
6	9	2	8	5	7	3	1	4
3	1	5	2	4	9	8	6	7

200

2	8	4	1	7	3	5	9	6
1	7	6	9	5	4	8	2	3
5	3	9	8	2	6	7	4	1
6	1	8	4	3	5	2	7	9
4	9	7	6	1	2	3	8	5
3	2	5	7	9	8	1	6	4
9	4	1	5	8	7	6	3	2
7	5	3	2	6	9	4	1	8
8	6	2	3	4	1	9	5	7

201

2	9	1	4	8	5	6	3	7
7	5	3	9	1	6	2	8	4
8	4	6	3	7	2	5	1	9
3	7	9	2	5	8	1	4	6
4	1	5	6	9	3	8	7	2
6	8	2	1	4	7	3	9	5
9	6	4	8	2	1	7	5	3
5	3	8	7	6	9	4	2	1
1	2	7	5	3	4	9	6	8

202

8	5	1	6	9	2	4	3	7
9	6	3	5	4	7	8	2	1
4	2	7	3	1	8	6	5	9
6	9	8	2	7	5	3	1	4
7	4	5	8	3	1	9	6	2
3	1	2	4	6	9	7	8	5
5	3	9	7	2	6	1	4	8
2	7	6	1	8	4	5	9	3
1	8	4	9	5	3	2	7	6

203

7	5	1	2	4	6	8	9	3
6	9	2	3	8	5	1	4	7
4	3	8	9	7	1	6	2	5
3	4	7	8	6	2	9	5	1
5	1	6	7	9	3	2	8	4
8	2	9	1	5	4	3	7	6
9	8	5	6	3	7	4	1	2
2	6	4	5	1	9	7	3	8
1	7	3	4	2	8	5	6	9

204

2	8	4	9	6	1	3	5	7
7	6	9	3	2	5	8	1	4
5	1	3	7	8	4	6	2	9
1	9	5	2	4	3	7	6	8
6	3	8	5	1	7	4	9	2
4	2	7	6	9	8	5	3	1
8	7	2	1	3	6	9	4	5
3	5	1	4	7	9	2	8	6
9	4	6	8	5	2	1	7	3

205

1	8	3	9	4	7	2	5	6
6	5	9	2	8	3	7	1	4
7	4	2	1	6	5	3	9	8
4	6	8	5	7	2	9	3	1
2	7	1	8	3	9	4	6	5
3	9	5	6	1	4	8	2	7
8	2	4	3	5	1	6	7	9
5	3	7	4	9	6	1	8	2
9	1	6	7	2	8	5	4	3

206

5	8	2	9	7	3	6	4	1
6	4	9	8	1	5	3	2	7
1	3	7	2	4	6	8	9	5
3	7	4	1	6	8	9	5	2
9	1	6	7	5	2	4	8	3
8	2	5	4	3	9	1	7	6
7	6	3	5	8	4	2	1	9
2	5	8	3	9	1	7	6	4
4	9	1	6	2	7	5	3	8

207

8	9	1	5	7	6	4	3	2
2	7	6	3	4	8	5	1	9
5	4	3	1	2	9	7	8	6
3	2	8	4	9	5	1	6	7
4	6	9	7	8	1	2	5	3
7	1	5	2	6	3	8	9	4
6	5	2	8	3	4	9	7	1
9	8	4	6	1	7	3	2	5
1	3	7	9	5	2	6	4	8

208

9	8	2	6	4	7	1	5	3
4	1	5	2	9	3	7	8	6
6	7	3	1	8	5	2	9	4
7	4	8	9	2	1	3	6	5
1	3	9	8	5	6	4	2	7
5	2	6	7	3	4	9	1	8
3	9	7	5	6	2	8	4	1
2	6	1	4	7	8	5	3	9
8	5	4	3	1	9	6	7	2

209

6	9	5	7	8	1	4	3	2
8	2	4	5	3	6	9	1	7
1	7	3	9	2	4	6	8	5
5	1	6	2	4	8	3	7	9
2	3	9	6	1	7	5	4	8
7	4	8	3	9	5	2	6	1
9	8	1	4	5	3	7	2	6
4	6	2	8	7	9	1	5	3
3	5	7	1	6	2	8	9	4

210

5	2	4	8	9	3	1	6	7
9	8	1	4	6	7	5	2	3
7	6	3	5	1	2	9	8	4
4	9	8	1	3	5	2	7	6
2	1	6	9	7	4	8	3	5
3	5	7	6	2	8	4	9	1
1	3	5	7	8	9	6	4	2
8	4	2	3	5	6	7	1	9
6	7	9	2	4	1	3	5	8

211

5	7	4	6	9	2	1	8	3
2	9	3	7	8	1	6	5	4
8	6	1	4	3	5	9	7	2
9	3	5	1	4	8	2	6	7
1	4	6	3	2	7	8	9	5
7	2	8	5	6	9	3	4	1
3	5	7	9	1	6	4	2	8
4	8	9	2	7	3	5	1	6
6	1	2	8	5	4	7	3	9

212

4	9	5	8	1	7	3	6	2
6	8	1	4	3	2	7	5	9
2	7	3	5	6	9	4	1	8
9	2	4	1	5	6	8	3	7
5	6	7	3	2	8	9	4	1
3	1	8	7	9	4	5	2	6
8	5	2	6	7	3	1	9	4
7	3	6	9	4	1	2	8	5
1	4	9	2	8	5	6	7	3

213

6	4	2	1	8	5	7	9	3
3	5	7	4	2	9	8	6	1
1	8	9	6	3	7	4	5	2
9	2	6	7	5	8	3	1	4
4	7	5	3	1	6	9	2	8
8	1	3	2	9	4	6	7	5
2	9	8	5	6	3	1	4	7
7	6	1	8	4	2	5	3	9
5	3	4	9	7	1	2	8	6

214

1	5	8	2	3	4	6	9	7
7	3	9	8	1	6	4	5	2
4	2	6	5	9	7	8	3	1
9	7	3	4	2	5	1	8	6
6	8	4	1	7	9	3	2	5
5	1	2	6	8	3	9	7	4
3	4	1	7	5	8	2	6	9
8	6	5	9	4	2	7	1	3
2	9	7	3	6	1	5	4	8

215

1	4	8	3	7	2	6	9	5
6	5	7	8	9	4	2	3	1
9	3	2	5	6	1	8	7	4
8	1	3	2	4	5	7	6	9
5	7	9	1	8	6	3	4	2
4	2	6	9	3	7	1	5	8
7	8	5	6	1	9	4	2	3
3	9	4	7	2	8	5	1	6
2	6	1	4	5	3	9	8	7

216

2	7	3	5	8	4	9	1	6
6	1	5	9	3	2	4	8	7
8	4	9	1	6	7	3	2	5
5	6	7	4	2	3	1	9	8
4	8	1	7	5	9	2	6	3
3	9	2	8	1	6	7	5	4
7	5	6	3	9	1	8	4	2
1	2	4	6	7	8	5	3	9
9	3	8	2	4	5	6	7	1

217

1	7	8	5	4	9	6	2	3
6	9	4	2	3	8	5	7	1
5	2	3	7	6	1	9	8	4
9	8	6	4	2	7	1	3	5
2	4	5	9	1	3	8	6	7
7	3	1	8	5	6	4	9	2
3	1	2	6	8	5	7	4	9
8	5	7	3	9	4	2	1	6
4	6	9	1	7	2	3	5	8

218

8	4	1	9	7	2	5	3	6
7	5	9	3	6	1	2	8	4
2	6	3	8	5	4	1	7	9
5	8	7	2	3	9	4	6	1
1	2	4	6	8	5	3	9	7
3	9	6	1	4	7	8	5	2
4	7	8	5	2	6	9	1	3
6	1	5	4	9	3	7	2	8
9	3	2	7	1	8	6	4	5

219

3	6	9	4	2	5	1	8	7
2	8	7	6	3	1	4	5	9
1	4	5	7	8	9	6	3	2
8	1	6	5	7	2	3	9	4
7	5	3	9	4	8	2	1	6
9	2	4	1	6	3	8	7	5
6	3	8	2	5	7	9	4	1
4	7	1	8	9	6	5	2	3
5	9	2	3	1	4	7	6	8

220

7	8	6	3	5	9	1	4	2
1	4	5	6	2	7	9	8	3
9	3	2	1	8	4	5	7	6
5	7	8	2	4	1	6	3	9
2	6	4	9	3	8	7	5	1
3	1	9	7	6	5	8	2	4
8	9	1	4	7	3	2	6	5
6	5	3	8	1	2	4	9	7
4	2	7	5	9	6	3	1	8

221

4	3	5	8	1	6	2	9	7
2	9	6	3	7	4	8	5	1
7	1	8	9	5	2	6	4	3
5	8	4	2	6	7	1	3	9
9	2	3	1	4	8	7	6	5
1	6	7	5	9	3	4	8	2
6	5	2	7	8	9	3	1	4
8	7	9	4	3	1	5	2	6
3	4	1	6	2	5	9	7	8

222

6	3	2	5	1	4	7	9	8
4	1	7	8	2	9	5	3	6
9	5	8	7	6	3	1	2	4
3	2	6	9	7	1	4	8	5
1	7	5	3	4	8	2	6	9
8	9	4	6	5	2	3	1	7
2	6	1	4	9	7	8	5	3
7	8	9	2	3	5	6	4	1
5	4	3	1	8	6	9	7	2

223

5	8	6	1	4	2	3	9	7
9	4	2	6	7	3	5	8	1
7	3	1	5	8	9	2	6	4
2	7	4	8	9	6	1	5	3
8	9	5	3	1	4	7	2	6
1	6	3	2	5	7	8	4	9
3	2	7	4	6	8	9	1	5
6	5	8	9	3	1	4	7	2
4	1	9	7	2	5	6	3	8

224

5	4	9	2	3	6	8	1	7
8	2	6	1	7	4	9	3	5
3	1	7	8	5	9	6	4	2
2	5	4	7	1	8	3	9	6
7	6	8	9	4	3	2	5	1
1	9	3	6	2	5	4	7	8
6	7	1	3	9	2	5	8	4
4	3	2	5	8	7	1	6	9
9	8	5	4	6	1	7	2	3

225

1	3	6	4	7	8	2	9	5
7	9	5	1	2	6	3	4	8
8	4	2	5	3	9	7	6	1
9	8	3	7	6	4	5	1	2
5	6	7	9	1	2	4	8	3
4	2	1	8	5	3	9	7	6
6	7	4	3	8	5	1	2	9
2	5	9	6	4	1	8	3	7
3	1	8	2	9	7	6	5	4

226

6	9	7	5	8	4	3	1	2
2	5	8	1	9	3	7	6	4
1	3	4	7	2	6	8	9	5
3	6	1	2	4	5	9	7	8
9	8	5	3	7	1	2	4	6
7	4	2	8	6	9	5	3	1
8	2	6	9	1	7	4	5	3
5	1	9	4	3	8	6	2	7
4	7	3	6	5	2	1	8	9

227

9	5	8	1	7	4	3	6	2
7	2	4	9	3	6	8	1	5
6	3	1	5	2	8	4	7	9
1	7	3	6	4	2	5	9	8
2	8	5	7	9	3	6	4	1
4	9	6	8	5	1	7	2	3
5	4	7	3	1	9	2	8	6
8	1	2	4	6	5	9	3	7
3	6	9	2	8	7	1	5	4

228

1	8	2	4	7	9	6	3	5
7	3	6	5	1	8	4	2	9
4	9	5	2	3	6	7	8	1
8	7	1	9	6	2	5	4	3
5	2	3	7	4	1	9	6	8
6	4	9	8	5	3	2	1	7
2	6	8	1	9	5	3	7	4
3	5	7	6	8	4	1	9	2
9	1	4	3	2	7	8	5	6

229

8	7	9	2	6	3	4	1	5
1	6	4	7	8	5	3	2	9
5	3	2	4	1	9	8	7	6
9	1	7	6	3	4	5	8	2
6	2	5	1	9	8	7	4	3
4	8	3	5	7	2	9	6	1
3	4	1	8	5	6	2	9	7
7	5	8	9	2	1	6	3	4
2	9	6	3	4	7	1	5	8

230

9	5	6	4	1	7	8	2	3
3	1	2	6	9	8	7	5	4
7	4	8	5	2	3	9	6	1
2	7	9	8	4	1	6	3	5
6	8	1	3	5	9	4	7	2
4	3	5	2	7	6	1	9	8
5	2	7	9	8	4	3	1	6
8	9	3	1	6	2	5	4	7
1	6	4	7	3	5	2	8	9

231

7	6	9	3	8	2	4	1	5
8	3	4	5	7	1	6	2	9
2	1	5	4	9	6	7	8	3
3	7	2	8	4	9	1	5	6
1	4	8	6	3	5	2	9	7
9	5	6	2	1	7	8	3	4
5	2	7	1	6	3	9	4	8
6	8	1	9	5	4	3	7	2
4	9	3	7	2	8	5	6	1

232

4	9	8	6	2	5	3	7	1
2	3	7	1	8	9	4	5	6
1	6	5	7	4	3	2	8	9
9	5	2	3	6	8	1	4	7
7	1	6	5	9	4	8	3	2
3	8	4	2	1	7	9	6	5
5	4	9	8	7	1	6	2	3
6	7	1	4	3	2	5	9	8
8	2	3	9	5	6	7	1	4

233

5	4	7	6	2	9	3	8	1
2	9	1	3	8	5	7	4	6
6	8	3	1	7	4	5	2	9
4	3	9	2	6	7	8	1	5
8	6	5	4	9	1	2	7	3
7	1	2	8	5	3	9	6	4
1	7	4	9	3	2	6	5	8
9	5	8	7	4	6	1	3	2
3	2	6	5	1	8	4	9	7

234

5	8	2	9	7	1	3	6	4
3	4	1	5	6	2	8	9	7
7	6	9	3	8	4	5	2	1
6	5	8	1	4	7	2	3	9
4	9	3	2	5	8	7	1	6
2	1	7	6	3	9	4	8	5
1	2	4	8	9	5	6	7	3
9	7	6	4	2	3	1	5	8
8	3	5	7	1	6	9	4	2

235

1	6	3	9	5	8	4	2	7
7	5	4	1	2	6	8	9	3
8	2	9	7	4	3	1	5	6
4	8	1	2	6	7	9	3	5
5	3	7	4	9	1	2	6	8
2	9	6	8	3	5	7	4	1
3	7	2	6	8	4	5	1	9
6	4	8	5	1	9	3	7	2
9	1	5	3	7	2	6	8	4

236

1	3	4	9	5	7	8	2	6
9	6	8	2	4	1	7	5	3
2	5	7	3	6	8	4	9	1
6	4	2	8	3	9	5	1	7
3	7	1	4	2	5	9	6	8
8	9	5	1	7	6	3	4	2
4	1	3	7	9	2	6	8	5
7	8	6	5	1	4	2	3	9
5	2	9	6	8	3	1	7	4

237

7	9	1	3	4	5	8	2	6
8	2	5	7	6	9	3	4	1
4	3	6	2	1	8	9	5	7
2	6	7	1	5	3	4	8	9
5	4	3	9	8	6	1	7	2
1	8	9	4	2	7	6	3	5
6	1	4	8	7	2	5	9	3
9	7	8	5	3	1	2	6	4
3	5	2	6	9	4	7	1	8

238

7	2	9	1	8	4	3	6	5
8	1	5	6	7	3	2	4	9
3	4	6	9	2	5	1	8	7
2	8	3	4	9	1	7	5	6
4	5	7	8	3	6	9	1	2
6	9	1	2	5	7	8	3	4
1	3	2	5	4	9	6	7	8
5	7	8	3	6	2	4	9	1
9	6	4	7	1	8	5	2	3

239

7	6	1	8	9	3	4	5	2
4	5	3	1	2	7	9	8	6
2	9	8	5	4	6	7	3	1
1	7	6	2	5	8	3	4	9
3	8	2	9	7	4	6	1	5
9	4	5	6	3	1	2	7	8
5	1	7	4	6	9	8	2	3
8	3	9	7	1	2	5	6	4
6	2	4	3	8	5	1	9	7

240

1	6	9	5	3	4	8	2	7
7	2	4	6	9	8	3	5	1
5	3	8	1	2	7	9	4	6
6	1	7	9	8	2	4	3	5
3	9	5	4	1	6	2	7	8
8	4	2	3	7	5	1	6	9
9	8	6	7	4	3	5	1	2
4	5	1	2	6	9	7	8	3
2	7	3	8	5	1	6	9	4

241

4	3	6	1	7	8	2	5	9
9	2	7	5	6	3	8	4	1
8	1	5	4	9	2	3	6	7
6	9	3	7	2	4	1	8	5
5	7	1	3	8	9	6	2	4
2	8	4	6	1	5	9	7	3
1	6	2	9	4	7	5	3	8
3	4	8	2	5	1	7	9	6
7	5	9	8	3	6	4	1	2

242

8	3	9	2	1	7	6	5	4
5	7	1	6	9	4	3	2	8
4	6	2	5	8	3	1	9	7
6	8	5	1	4	2	9	7	3
2	1	7	9	3	5	4	8	6
9	4	3	7	6	8	5	1	2
1	9	4	8	7	6	2	3	5
7	5	6	3	2	1	8	4	9
3	2	8	4	5	9	7	6	1

243

3	9	2	8	6	7	5	4	1
4	8	5	1	9	2	7	6	3
7	6	1	4	3	5	2	8	9
5	4	7	6	2	3	1	9	8
9	3	8	7	5	1	4	2	6
2	1	6	9	8	4	3	5	7
8	5	4	3	1	6	9	7	2
1	7	9	2	4	8	6	3	5
6	2	3	5	7	9	8	1	4

244

6	5	1	2	8	3	9	4	7
7	8	4	6	1	9	5	2	3
2	3	9	4	7	5	6	8	1
9	7	8	3	5	4	2	1	6
1	6	2	7	9	8	3	5	4
5	4	3	1	6	2	8	7	9
4	9	5	8	3	1	7	6	2
8	2	7	9	4	6	1	3	5
3	1	6	5	2	7	4	9	8

245

4	2	1	9	3	5	8	7	6
8	6	5	7	2	4	9	1	3
7	3	9	6	8	1	2	5	4
3	9	2	4	6	7	1	8	5
5	4	6	2	1	8	3	9	7
1	8	7	3	5	9	4	6	2
6	7	4	8	9	2	5	3	1
9	1	3	5	4	6	7	2	8
2	5	8	1	7	3	6	4	9

246

4	1	8	6	7	3	2	5	9
3	9	5	2	8	1	7	6	4
6	7	2	9	5	4	8	1	3
2	4	9	8	1	7	6	3	5
7	3	1	5	6	9	4	8	2
8	5	6	4	3	2	9	7	1
1	2	3	7	9	8	5	4	6
9	6	7	3	4	5	1	2	8
5	8	4	1	2	6	3	9	7

247

2	1	8	3	5	6	7	4	9
3	9	4	8	7	1	6	5	2
5	6	7	9	2	4	8	1	3
9	4	5	6	1	2	3	7	8
7	2	1	4	3	8	9	6	5
6	8	3	7	9	5	1	2	4
8	5	6	1	4	9	2	3	7
1	3	2	5	8	7	4	9	6
4	7	9	2	6	3	5	8	1

248

5	1	2	3	7	9	4	6	8
4	6	3	8	5	1	2	9	7
7	9	8	4	6	2	3	5	1
2	4	7	5	1	8	9	3	6
3	8	6	2	9	4	1	7	5
9	5	1	6	3	7	8	4	2
1	3	5	9	8	6	7	2	4
8	2	9	7	4	5	6	1	3
6	7	4	1	2	3	5	8	9

249

9	1	3	7	5	6	4	2	8
2	7	4	9	8	1	6	3	5
8	6	5	4	3	2	7	9	1
6	4	8	5	7	3	9	1	2
7	3	1	8	2	9	5	4	6
5	9	2	1	6	4	8	7	3
4	5	6	3	1	7	2	8	9
1	8	7	2	9	5	3	6	4
3	2	9	6	4	8	1	5	7

250

2	3	7	4	9	6	5	8	1
9	4	1	7	5	8	6	2	3
5	8	6	2	1	3	7	9	4
4	6	5	8	3	9	1	7	2
8	2	9	1	7	5	3	4	6
7	1	3	6	2	4	9	5	8
6	7	8	5	4	1	2	3	9
1	9	2	3	8	7	4	6	5
3	5	4	9	6	2	8	1	7

251

9	1	7	2	8	5	4	3	6
6	5	3	9	1	4	7	2	8
8	2	4	6	3	7	9	5	1
3	4	9	7	2	8	1	6	5
2	7	5	1	6	9	3	8	4
1	8	6	5	4	3	2	7	9
5	6	2	4	7	1	8	9	3
7	3	1	8	9	6	5	4	2
4	9	8	3	5	2	6	1	7

252

5	9	6	7	4	1	2	8	3
4	3	7	8	5	2	9	1	6
1	8	2	6	3	9	5	4	7
6	1	4	9	2	7	3	5	8
2	5	8	4	1	3	6	7	9
3	7	9	5	8	6	1	2	4
8	4	3	2	9	5	7	6	1
7	2	1	3	6	8	4	9	5
9	6	5	1	7	4	8	3	2

253

7	2	5	4	6	1	9	8	3
6	9	3	7	5	8	4	1	2
4	1	8	9	2	3	7	5	6
5	3	1	8	7	4	6	2	9
8	7	9	6	1	2	5	3	4
2	6	4	3	9	5	1	7	8
1	5	6	2	8	9	3	4	7
9	4	2	5	3	7	8	6	1
3	8	7	1	4	6	2	9	5

254

8	7	1	6	2	4	3	5	9
9	3	5	1	7	8	2	6	4
4	6	2	3	9	5	1	8	7
5	4	3	2	1	7	8	9	6
6	9	7	8	4	3	5	1	2
2	1	8	5	6	9	4	7	3
7	8	4	9	3	1	6	2	5
3	5	6	7	8	2	9	4	1
1	2	9	4	5	6	7	3	8

255

6	3	1	7	5	8	2	4	9
8	4	5	2	9	3	1	6	7
2	9	7	4	1	6	3	5	8
5	8	4	3	7	1	9	2	6
1	2	9	6	4	5	8	7	3
7	6	3	9	8	2	4	1	5
3	1	2	5	6	9	7	8	4
4	5	8	1	3	7	6	9	2
9	7	6	8	2	4	5	3	1

256

8	6	9	2	1	4	5	3	7
5	2	7	8	6	3	4	1	9
1	3	4	7	5	9	2	8	6
4	9	6	3	2	7	8	5	1
2	1	3	5	9	8	7	6	4
7	8	5	1	4	6	9	2	3
6	4	8	9	3	2	1	7	5
3	7	1	4	8	5	6	9	2
9	5	2	6	7	1	3	4	8

257

8	3	9	2	6	4	5	1	7
1	4	6	3	7	5	8	2	9
5	7	2	8	9	1	3	6	4
2	5	3	9	4	6	7	8	1
4	9	1	7	8	3	6	5	2
7	6	8	5	1	2	9	4	3
3	2	4	6	5	7	1	9	8
6	8	7	1	2	9	4	3	5
9	1	5	4	3	8	2	7	6

258

7	6	9	3	2	1	8	4	5
3	5	2	8	4	9	1	7	6
8	4	1	6	5	7	9	2	3
9	1	8	5	6	4	2	3	7
5	7	3	9	8	2	6	1	4
6	2	4	7	1	3	5	9	8
2	8	7	4	9	5	3	6	1
1	3	6	2	7	8	4	5	9
4	9	5	1	3	6	7	8	2

259

7	3	5	6	1	8	4	9	2
4	1	8	2	3	9	5	7	6
2	6	9	5	4	7	8	3	1
8	2	3	1	6	4	9	5	7
1	7	4	9	2	5	6	8	3
5	9	6	7	8	3	2	1	4
6	5	7	4	9	1	3	2	8
9	8	2	3	7	6	1	4	5
3	4	1	8	5	2	7	6	9

260

5	3	2	1	9	7	4	6	8
8	6	9	3	4	2	1	7	5
7	1	4	8	6	5	2	3	9
2	8	1	6	5	9	3	4	7
3	7	5	4	2	8	6	9	1
9	4	6	7	3	1	5	8	2
1	9	3	5	8	6	7	2	4
6	5	8	2	7	4	9	1	3
4	2	7	9	1	3	8	5	6

261

5	8	1	6	7	4	2	9	3
9	2	4	1	5	3	8	7	6
6	3	7	2	8	9	4	5	1
4	6	2	8	1	5	7	3	9
3	7	5	9	6	2	1	8	4
8	1	9	4	3	7	6	2	5
7	4	3	5	2	6	9	1	8
1	5	6	7	9	8	3	4	2
2	9	8	3	4	1	5	6	7

262

1	2	4	8	5	9	7	6	3
9	8	3	6	2	7	4	5	1
5	7	6	1	3	4	9	2	8
4	6	8	2	7	3	1	9	5
2	5	1	9	4	8	6	3	7
3	9	7	5	1	6	8	4	2
8	4	2	7	6	5	3	1	9
6	1	9	3	8	2	5	7	4
7	3	5	4	9	1	2	8	6

263

9	4	7	6	3	5	1	2	8
5	6	8	1	4	2	7	3	9
3	2	1	8	9	7	5	6	4
8	7	6	2	1	4	3	9	5
2	3	5	9	7	6	4	8	1
1	9	4	3	5	8	6	7	2
4	8	3	7	2	1	9	5	6
6	5	9	4	8	3	2	1	7
7	1	2	5	6	9	8	4	3

264

1	9	7	2	8	6	3	5	4
2	4	6	9	3	5	7	1	8
5	8	3	1	7	4	2	9	6
6	7	4	3	5	1	8	2	9
8	2	1	4	9	7	6	3	5
9	3	5	6	2	8	1	4	7
4	6	9	8	1	3	5	7	2
3	5	2	7	6	9	4	8	1
7	1	8	5	4	2	9	6	3

265

7	2	9	8	5	1	4	3	6
8	5	6	2	3	4	7	1	9
4	1	3	9	7	6	5	8	2
9	8	2	4	6	3	1	7	5
5	4	1	7	2	8	6	9	3
6	3	7	1	9	5	2	4	8
3	9	4	5	1	2	8	6	7
1	7	5	6	8	9	3	2	4
2	6	8	3	4	7	9	5	1

266

2	7	4	3	8	9	5	1	6
8	3	6	2	1	5	9	4	7
9	1	5	4	7	6	3	8	2
4	9	2	7	6	8	1	5	3
1	8	7	5	3	4	6	2	9
5	6	3	1	9	2	4	7	8
3	5	1	9	2	7	8	6	4
7	4	8	6	5	3	2	9	1
6	2	9	8	4	1	7	3	5

267

6	8	3	2	1	4	5	7	9
4	2	7	9	5	3	6	8	1
9	5	1	7	6	8	3	4	2
1	3	6	4	9	7	8	2	5
5	4	8	3	2	1	7	9	6
7	9	2	5	8	6	4	1	3
8	1	5	6	4	9	2	3	7
2	7	4	1	3	5	9	6	8
3	6	9	8	7	2	1	5	4

268

7	5	3	6	2	4	9	8	1
6	1	9	7	5	8	3	2	4
4	8	2	1	9	3	5	7	6
5	2	4	9	8	7	1	6	3
9	3	8	4	1	6	2	5	7
1	7	6	5	3	2	4	9	8
2	4	5	8	6	1	7	3	9
3	6	7	2	4	9	8	1	5
8	9	1	3	7	5	6	4	2

269

3	6	8	1	9	2	4	5	7
2	7	9	4	3	5	8	6	1
4	5	1	7	6	8	9	3	2
9	4	3	6	2	7	5	1	8
5	2	6	8	4	1	3	7	9
1	8	7	9	5	3	2	4	6
6	1	2	5	8	4	7	9	3
8	9	5	3	7	6	1	2	4
7	3	4	2	1	9	6	8	5

270

3	1	4	8	2	9	5	6	7
7	8	5	6	1	3	9	4	2
6	2	9	5	4	7	1	8	3
9	3	6	1	8	5	2	7	4
1	4	2	3	7	6	8	9	5
5	7	8	2	9	4	6	3	1
8	5	7	4	6	1	3	2	9
4	6	1	9	3	2	7	5	8
2	9	3	7	5	8	4	1	6

271

3	7	6	8	1	2	4	9	5
9	1	5	3	6	4	2	8	7
2	4	8	7	5	9	6	3	1
7	5	1	4	2	3	9	6	8
8	2	3	6	9	1	5	7	4
4	6	9	5	8	7	3	1	2
6	8	7	9	4	5	1	2	3
5	3	2	1	7	6	8	4	9
1	9	4	2	3	8	7	5	6

272

1	3	6	2	9	8	5	7	4
7	4	9	6	5	3	8	1	2
8	2	5	1	4	7	3	6	9
2	1	8	7	6	5	9	4	3
6	9	4	3	1	2	7	8	5
3	5	7	9	8	4	1	2	6
5	7	2	4	3	1	6	9	8
4	6	3	8	7	9	2	5	1
9	8	1	5	2	6	4	3	7

273

3	6	8	7	4	2	1	9	5
5	9	2	8	6	1	7	4	3
7	1	4	9	3	5	2	6	8
8	2	3	5	7	9	4	1	6
1	5	9	6	8	4	3	2	7
4	7	6	1	2	3	8	5	9
6	3	5	2	1	8	9	7	4
9	4	1	3	5	7	6	8	2
2	8	7	4	9	6	5	3	1

274

4	5	7	6	8	2	3	9	1
6	9	8	3	5	1	4	7	2
2	3	1	9	4	7	6	5	8
3	1	6	2	9	8	7	4	5
9	7	2	5	1	4	8	3	6
5	8	4	7	3	6	1	2	9
8	4	5	1	7	9	2	6	3
1	6	3	4	2	5	9	8	7
7	2	9	8	6	3	5	1	4

275

9	5	6	1	4	7	2	8	3
1	8	7	2	5	3	6	9	4
4	2	3	9	8	6	7	5	1
6	4	5	7	3	9	8	1	2
3	1	8	4	2	5	9	6	7
7	9	2	6	1	8	3	4	5
8	6	4	3	7	1	5	2	9
5	7	1	8	9	2	4	3	6
2	3	9	5	6	4	1	7	8

276

9	3	6	5	1	2	7	8	4
2	1	8	4	6	7	3	9	5
4	7	5	9	3	8	1	2	6
7	5	9	3	2	6	4	1	8
1	6	4	7	8	5	9	3	2
8	2	3	1	4	9	6	5	7
3	8	2	6	9	4	5	7	1
6	9	7	2	5	1	8	4	3
5	4	1	8	7	3	2	6	9

277

7	2	1	9	8	6	5	4	3
4	8	5	3	1	7	2	6	9
9	6	3	2	5	4	7	8	1
5	4	8	6	9	2	3	1	7
6	1	9	5	7	3	8	2	4
2	3	7	1	4	8	9	5	6
8	9	4	7	6	5	1	3	2
1	5	2	4	3	9	6	7	8
3	7	6	8	2	1	4	9	5

278

3	4	6	7	1	2	9	5	8
9	1	8	6	3	5	7	2	4
5	7	2	8	4	9	1	3	6
4	9	7	3	5	6	2	8	1
6	8	5	2	9	1	3	4	7
1	2	3	4	7	8	5	6	9
8	3	4	9	2	7	6	1	5
2	5	9	1	6	4	8	7	3
7	6	1	5	8	3	4	9	2

279

2	6	1	8	4	9	5	3	7
4	5	8	3	2	7	6	9	1
9	7	3	5	1	6	2	4	8
3	4	9	7	6	8	1	2	5
6	1	2	4	5	3	8	7	9
7	8	5	1	9	2	4	6	3
1	9	7	2	8	4	3	5	6
5	3	4	6	7	1	9	8	2
8	2	6	9	3	5	7	1	4

280

6	7	1	8	3	5	9	4	2
9	8	5	1	2	4	3	6	7
2	3	4	9	7	6	8	5	1
4	2	3	7	6	9	1	8	5
5	9	7	4	1	8	6	2	3
1	6	8	3	5	2	4	7	9
7	4	9	2	8	3	5	1	6
8	5	2	6	9	1	7	3	4
3	1	6	5	4	7	2	9	8

281

6	4	9	7	1	8	2	3	5
5	7	1	9	2	3	4	6	8
2	8	3	4	6	5	9	7	1
4	1	2	5	7	6	3	8	9
8	6	7	3	4	9	5	1	2
3	9	5	1	8	2	6	4	7
7	3	6	2	5	1	8	9	4
9	5	4	8	3	7	1	2	6
1	2	8	6	9	4	7	5	3

282

3	2	4	7	5	6	9	1	8
8	6	9	1	2	3	5	7	4
7	1	5	4	8	9	2	6	3
1	7	8	6	9	4	3	5	2
2	4	6	3	1	5	8	9	7
9	5	3	8	7	2	6	4	1
6	8	7	5	3	1	4	2	9
4	9	1	2	6	8	7	3	5
5	3	2	9	4	7	1	8	6

283

8	6	7	2	1	5	9	3	4
3	5	9	4	6	7	2	1	8
4	1	2	9	3	8	5	6	7
7	8	4	6	5	2	1	9	3
6	2	1	3	7	9	8	4	5
9	3	5	1	8	4	6	7	2
1	7	3	5	2	6	4	8	9
2	9	6	8	4	3	7	5	1
5	4	8	7	9	1	3	2	6

284

9	8	2	3	7	5	1	4	6
1	4	7	6	8	9	2	5	3
6	3	5	1	4	2	8	7	9
2	9	4	7	5	3	6	1	8
7	1	6	4	9	8	3	2	5
3	5	8	2	6	1	7	9	4
5	2	1	9	3	6	4	8	7
8	7	3	5	2	4	9	6	1
4	6	9	8	1	7	5	3	2

285

4	6	5	3	7	9	2	8	1
7	8	9	1	4	2	3	5	6
2	1	3	8	5	6	4	9	7
6	5	8	7	9	3	1	2	4
9	7	4	2	1	8	5	6	3
3	2	1	5	6	4	8	7	9
5	4	6	9	2	1	7	3	8
1	3	2	6	8	7	9	4	5
8	9	7	4	3	5	6	1	2

286

1	2	3	6	4	8	7	9	5
6	7	4	9	5	1	3	2	8
5	8	9	2	7	3	6	1	4
9	3	1	5	8	6	4	7	2
8	4	5	1	2	7	9	3	6
7	6	2	4	3	9	8	5	1
2	9	7	8	1	4	5	6	3
3	1	8	7	6	5	2	4	9
4	5	6	3	9	2	1	8	7

287

5	8	6	1	2	4	7	9	3
3	4	7	9	5	8	1	6	2
9	2	1	3	7	6	4	5	8
2	1	4	8	6	9	5	3	7
6	7	5	4	3	2	9	8	1
8	3	9	7	1	5	2	4	6
7	5	8	2	9	3	6	1	4
4	6	2	5	8	1	3	7	9
1	9	3	6	4	7	8	2	5

288

5	3	7	1	8	9	6	2	4
9	2	6	7	5	4	1	3	8
4	1	8	2	6	3	5	9	7
1	4	2	8	9	7	3	6	5
7	9	5	3	1	6	4	8	2
8	6	3	4	2	5	9	7	1
3	5	4	9	7	2	8	1	6
6	7	1	5	3	8	2	4	9
2	8	9	6	4	1	7	5	3

289

1	4	7	5	3	6	9	2	8
9	6	5	2	8	4	3	7	1
3	2	8	1	7	9	5	6	4
7	9	1	8	6	3	2	4	5
6	8	4	7	5	2	1	3	9
5	3	2	4	9	1	6	8	7
8	7	6	3	1	5	4	9	2
4	5	9	6	2	8	7	1	3
2	1	3	9	4	7	8	5	6

290

5	7	8	4	9	6	1	3	2
4	2	9	3	5	1	7	8	6
1	3	6	2	8	7	9	5	4
3	8	2	1	6	5	4	7	9
6	5	7	9	2	4	3	1	8
9	1	4	8	7	3	6	2	5
2	4	5	7	3	9	8	6	1
8	9	3	6	1	2	5	4	7
7	6	1	5	4	8	2	9	3

291

4	8	3	7	6	9	2	1	5
2	9	5	3	8	1	7	4	6
7	1	6	5	2	4	8	3	9
6	3	2	9	5	7	4	8	1
1	5	4	2	3	8	6	9	7
8	7	9	1	4	6	3	5	2
3	4	1	6	7	5	9	2	8
5	6	8	4	9	2	1	7	3
9	2	7	8	1	3	5	6	4

292

3	2	4	5	6	1	9	7	8
5	8	1	9	7	4	6	2	3
9	6	7	2	3	8	1	5	4
2	9	8	4	5	7	3	6	1
4	1	3	8	2	6	5	9	7
7	5	6	1	9	3	4	8	2
6	7	5	3	4	2	8	1	9
8	4	2	6	1	9	7	3	5
1	3	9	7	8	5	2	4	6

293

7	2	5	6	9	3	8	1	4
8	3	4	2	1	5	9	6	7
1	9	6	7	8	4	2	3	5
4	1	2	8	5	6	7	9	3
5	8	3	9	4	7	1	2	6
6	7	9	1	3	2	4	5	8
9	6	1	5	7	8	3	4	2
2	4	7	3	6	9	5	8	1
3	5	8	4	2	1	6	7	9

294

1	7	3	2	6	4	5	9	8
4	2	5	3	8	9	6	7	1
8	6	9	7	5	1	4	2	3
2	4	1	8	7	6	3	5	9
5	8	7	9	2	3	1	6	4
3	9	6	4	1	5	2	8	7
7	5	8	1	3	2	9	4	6
6	3	4	5	9	7	8	1	2
9	1	2	6	4	8	7	3	5

295

1	3	8	6	4	9	7	5	2
7	4	6	5	1	2	9	3	8
9	5	2	8	3	7	4	6	1
8	2	5	9	6	1	3	4	7
4	7	1	3	2	5	6	8	9
3	6	9	7	8	4	2	1	5
2	1	3	4	7	8	5	9	6
6	9	7	1	5	3	8	2	4
5	8	4	2	9	6	1	7	3

296

1	6	5	8	7	3	4	9	2
9	3	8	1	4	2	5	7	6
4	2	7	6	9	5	1	8	3
6	7	9	5	3	8	2	4	1
2	8	1	7	6	4	3	5	9
3	5	4	9	2	1	8	6	7
7	1	3	4	8	9	6	2	5
8	9	2	3	5	6	7	1	4
5	4	6	2	1	7	9	3	8

297

9	5	6	7	2	3	4	1	8
4	1	2	8	6	5	3	7	9
8	7	3	4	1	9	6	5	2
2	9	4	3	7	1	8	6	5
7	3	8	5	4	6	2	9	1
1	6	5	9	8	2	7	4	3
5	2	9	6	3	7	1	8	4
6	8	1	2	9	4	5	3	7
3	4	7	1	5	8	9	2	6

298

1	2	9	5	6	4	7	3	8
8	3	6	2	7	1	9	4	5
5	7	4	8	3	9	2	1	6
4	9	8	3	5	7	6	2	1
3	1	5	9	2	6	8	7	4
7	6	2	4	1	8	5	9	3
6	8	1	7	4	2	3	5	9
2	4	3	6	9	5	1	8	7
9	5	7	1	8	3	4	6	2

299

4	8	1	3	9	2	6	7	5
7	3	9	5	4	6	1	2	8
2	6	5	7	1	8	4	9	3
5	4	2	1	8	7	3	6	9
1	7	3	4	6	9	8	5	2
6	9	8	2	3	5	7	1	4
9	2	4	8	7	1	5	3	6
8	5	7	6	2	3	9	4	1
3	1	6	9	5	4	2	8	7

300

5	8	1	3	4	6	9	7	2
2	6	4	9	7	1	5	3	8
7	9	3	8	2	5	4	6	1
4	3	8	7	1	9	2	5	6
6	1	7	2	5	3	8	4	9
9	5	2	6	8	4	3	1	7
8	7	6	5	3	2	1	9	4
1	2	5	4	9	7	6	8	3
3	4	9	1	6	8	7	2	5

301

8	6	3	1	5	7	2	9	4
5	7	4	9	8	2	3	6	1
2	1	9	6	4	3	5	7	8
9	3	5	8	7	4	1	2	6
6	8	7	3	2	1	9	4	5
1	4	2	5	6	9	8	3	7
7	5	6	2	3	8	4	1	9
4	2	1	7	9	5	6	8	3
3	9	8	4	1	6	7	5	2

302

2	3	4	1	8	5	9	6	7
5	9	7	4	2	6	8	1	3
1	6	8	9	7	3	2	4	5
6	2	3	7	5	4	1	8	9
8	1	5	2	6	9	3	7	4
4	7	9	3	1	8	5	2	6
9	5	6	8	4	2	7	3	1
3	8	1	6	9	7	4	5	2
7	4	2	5	3	1	6	9	8

303

9	1	3	4	8	6	2	7	5
6	5	7	3	9	2	1	8	4
8	4	2	5	7	1	3	9	6
2	6	5	7	4	9	8	3	1
7	8	9	1	3	5	4	6	2
1	3	4	2	6	8	7	5	9
3	9	6	8	1	4	5	2	7
5	7	1	9	2	3	6	4	8
4	2	8	6	5	7	9	1	3

304

1	7	8	6	2	4	5	9	3
5	6	9	3	8	1	7	4	2
4	3	2	5	9	7	1	6	8
3	9	1	7	6	2	4	8	5
6	2	4	9	5	8	3	7	1
8	5	7	4	1	3	9	2	6
2	4	5	8	3	9	6	1	7
7	1	3	2	4	6	8	5	9
9	8	6	1	7	5	2	3	4

305

7	4	6	9	2	3	5	1	8
5	2	8	7	1	6	4	9	3
1	9	3	4	5	8	2	7	6
6	3	4	5	9	1	7	8	2
8	1	7	3	6	2	9	4	5
9	5	2	8	4	7	6	3	1
3	8	9	6	7	5	1	2	4
2	7	5	1	8	4	3	6	9
4	6	1	2	3	9	8	5	7

306

6	8	9	4	1	5	3	2	7
4	5	7	8	2	3	1	6	9
3	1	2	7	9	6	5	8	4
7	9	4	6	8	1	2	5	3
5	3	8	2	7	4	6	9	1
1	2	6	3	5	9	4	7	8
9	6	1	5	4	8	7	3	2
2	4	3	9	6	7	8	1	5
8	7	5	1	3	2	9	4	6

307

9	3	8	7	4	5	6	2	1
2	7	5	8	6	1	3	4	9
6	4	1	3	9	2	8	7	5
8	9	3	1	7	4	2	5	6
4	5	2	9	8	6	7	1	3
7	1	6	5	2	3	9	8	4
1	2	7	6	5	9	4	3	8
5	8	9	4	3	7	1	6	2
3	6	4	2	1	8	5	9	7

308

3	4	5	8	6	7	2	9	1
2	7	1	9	3	4	8	6	5
9	6	8	5	1	2	3	7	4
7	2	4	3	9	1	5	8	6
5	8	9	7	2	6	4	1	3
1	3	6	4	5	8	9	2	7
6	5	3	2	7	9	1	4	8
8	9	7	1	4	3	6	5	2
4	1	2	6	8	5	7	3	9

309

2	6	9	8	1	7	3	5	4
8	1	4	5	6	3	2	7	9
7	3	5	2	4	9	6	8	1
6	9	1	4	3	5	8	2	7
5	4	2	7	8	1	9	6	3
3	8	7	6	9	2	4	1	5
1	5	3	9	2	6	7	4	8
9	2	8	1	7	4	5	3	6
4	7	6	3	5	8	1	9	2

310

4	2	6	7	5	8	1	9	3
7	3	5	1	9	6	4	2	8
1	9	8	4	2	3	5	6	7
8	7	9	2	4	5	6	3	1
3	5	1	6	7	9	8	4	2
2	6	4	3	8	1	9	7	5
6	1	2	8	3	4	7	5	9
5	8	7	9	6	2	3	1	4
9	4	3	5	1	7	2	8	6

311

9	3	5	2	7	1	4	6	8
2	8	1	9	6	4	3	5	7
4	6	7	3	8	5	9	1	2
6	2	3	4	1	7	8	9	5
5	9	4	8	2	3	6	7	1
1	7	8	5	9	6	2	3	4
3	1	9	7	4	2	5	8	6
7	5	2	6	3	8	1	4	9
8	4	6	1	5	9	7	2	3

312

5	3	6	1	2	8	9	4	7
7	2	1	4	9	5	6	3	8
4	9	8	6	7	3	5	1	2
8	7	3	2	5	9	1	6	4
9	6	2	7	4	1	8	5	3
1	5	4	3	8	6	2	7	9
6	4	9	5	3	2	7	8	1
3	8	5	9	1	7	4	2	6
2	1	7	8	6	4	3	9	5

313

4	1	7	9	2	3	6	8	5
3	5	9	8	6	4	7	2	1
8	2	6	1	5	7	9	4	3
9	8	1	3	4	5	2	6	7
6	3	5	7	8	2	4	1	9
2	7	4	6	9	1	5	3	8
5	6	3	4	7	8	1	9	2
7	4	8	2	1	9	3	5	6
1	9	2	5	3	6	8	7	4

314

1	7	6	3	8	4	2	9	5
4	2	8	5	9	6	7	3	1
9	5	3	1	7	2	6	4	8
7	8	1	4	2	9	5	6	3
2	6	4	8	5	3	9	1	7
5	3	9	7	6	1	4	8	2
6	1	5	2	4	8	3	7	9
3	4	7	9	1	5	8	2	6
8	9	2	6	3	7	1	5	4

315

3	7	1	4	9	6	5	8	2
6	2	9	7	5	8	4	3	1
4	5	8	2	3	1	7	6	9
2	3	4	1	6	5	9	7	8
1	9	6	8	7	4	3	2	5
5	8	7	9	2	3	6	1	4
8	6	2	3	4	9	1	5	7
9	1	3	5	8	7	2	4	6
7	4	5	6	1	2	8	9	3

316

2	7	6	3	9	4	5	1	8
9	1	5	6	2	8	3	4	7
8	3	4	1	5	7	9	6	2
6	9	8	5	1	2	7	3	4
5	4	7	8	6	3	2	9	1
3	2	1	4	7	9	8	5	6
7	5	9	2	4	1	6	8	3
4	6	3	7	8	5	1	2	9
1	8	2	9	3	6	4	7	5

317

4	8	9	6	3	1	7	5	2
6	3	5	2	9	7	1	4	8
7	2	1	8	4	5	9	3	6
9	5	7	4	1	8	2	6	3
1	4	3	9	2	6	5	8	7
2	6	8	5	7	3	4	9	1
3	1	6	7	5	4	8	2	9
5	7	2	3	8	9	6	1	4
8	9	4	1	6	2	3	7	5

318

7	2	4	8	3	9	1	5	6
5	3	9	2	1	6	7	4	8
1	6	8	7	5	4	9	3	2
4	1	7	5	9	8	2	6	3
8	9	2	3	6	7	4	1	5
6	5	3	4	2	1	8	7	9
3	4	6	9	7	2	5	8	1
2	7	1	6	8	5	3	9	4
9	8	5	1	4	3	6	2	7

319

8	3	2	1	7	5	4	9	6
1	9	6	2	4	3	7	5	8
5	4	7	6	8	9	2	1	3
2	8	3	7	5	6	9	4	1
7	5	4	9	3	1	8	6	2
9	6	1	8	2	4	3	7	5
6	7	8	5	9	2	1	3	4
4	1	9	3	6	8	5	2	7
3	2	5	4	1	7	6	8	9

320

2	4	8	9	3	5	1	6	7
5	3	9	6	1	7	8	2	4
7	1	6	8	2	4	3	9	5
9	7	4	5	6	3	2	1	8
3	5	1	2	9	8	4	7	6
8	6	2	7	4	1	9	5	3
6	2	3	4	7	9	5	8	1
1	8	7	3	5	2	6	4	9
4	9	5	1	8	6	7	3	2

321

5	9	2	7	1	8	6	3	4
1	8	7	6	4	3	9	2	5
3	4	6	9	5	2	1	7	8
2	7	5	3	8	1	4	6	9
9	6	4	5	2	7	3	8	1
8	3	1	4	9	6	7	5	2
4	2	3	8	6	9	5	1	7
7	1	9	2	3	5	8	4	6
6	5	8	1	7	4	2	9	3

322

2	5	6	4	1	7	8	3	9
3	4	8	2	9	6	7	1	5
1	7	9	5	8	3	4	2	6
4	9	1	8	3	2	5	6	7
5	6	3	9	7	4	2	8	1
7	8	2	1	6	5	9	4	3
9	1	5	6	4	8	3	7	2
6	3	4	7	2	9	1	5	8
8	2	7	3	5	1	6	9	4

323

3	4	2	7	5	9	8	1	6
1	6	9	8	3	4	7	5	2
8	5	7	6	2	1	3	4	9
6	1	8	9	7	3	4	2	5
2	7	5	4	6	8	1	9	3
4	9	3	2	1	5	6	8	7
9	2	6	1	8	7	5	3	4
5	8	4	3	9	6	2	7	1
7	3	1	5	4	2	9	6	8

324

6	3	7	5	1	9	2	4	8
1	8	9	2	3	4	5	6	7
5	4	2	7	6	8	3	9	1
3	7	5	9	4	2	8	1	6
4	1	8	3	5	6	7	2	9
2	9	6	8	7	1	4	5	3
8	5	1	6	2	3	9	7	4
7	6	3	4	9	5	1	8	2
9	2	4	1	8	7	6	3	5

325

7	8	9	3	1	4	5	2	6
6	2	1	9	7	5	8	4	3
4	5	3	8	2	6	7	9	1
2	1	7	5	4	9	3	6	8
8	3	4	7	6	2	1	5	9
5	9	6	1	8	3	4	7	2
9	7	5	2	3	8	6	1	4
3	6	2	4	5	1	9	8	7
1	4	8	6	9	7	2	3	5

326

6	4	2	9	5	7	8	1	3
1	8	5	4	2	3	9	6	7
3	7	9	6	1	8	2	4	5
9	5	6	1	7	4	3	8	2
4	1	7	8	3	2	6	5	9
2	3	8	5	6	9	4	7	1
8	6	3	7	9	1	5	2	4
5	9	1	2	4	6	7	3	8
7	2	4	3	8	5	1	9	6

327

4	3	2	8	5	7	6	9	1
5	1	6	9	3	2	8	4	7
8	7	9	4	1	6	2	5	3
2	4	7	3	8	5	9	1	6
6	9	5	1	7	4	3	2	8
3	8	1	6	2	9	5	7	4
9	5	3	7	4	8	1	6	2
1	6	4	2	9	3	7	8	5
7	2	8	5	6	1	4	3	9

328

2	5	3	9	4	6	7	1	8
9	7	6	2	1	8	5	4	3
8	4	1	3	5	7	6	9	2
7	2	4	6	3	9	1	8	5
6	9	5	1	8	4	3	2	7
3	1	8	7	2	5	4	6	9
1	6	2	5	9	3	8	7	4
4	3	9	8	7	1	2	5	6
5	8	7	4	6	2	9	3	1

329

4	7	2	8	3	6	5	1	9
5	3	6	2	1	9	7	8	4
8	1	9	4	7	5	2	3	6
6	5	8	3	2	7	4	9	1
1	9	3	5	6	4	8	7	2
7	2	4	1	9	8	6	5	3
9	4	7	6	5	1	3	2	8
3	8	1	7	4	2	9	6	5
2	6	5	9	8	3	1	4	7

330

9	7	3	4	6	5	2	8	1
2	6	1	9	8	3	4	5	7
4	5	8	7	2	1	6	3	9
5	4	7	1	9	8	3	2	6
8	2	6	3	5	7	9	1	4
3	1	9	6	4	2	8	7	5
6	3	5	2	7	4	1	9	8
1	8	4	5	3	9	7	6	2
7	9	2	8	1	6	5	4	3

331

8	1	7	5	2	6	3	9	4
2	9	4	1	7	3	8	5	6
3	5	6	9	4	8	1	7	2
6	8	5	2	3	1	7	4	9
4	3	9	8	5	7	2	6	1
7	2	1	4	6	9	5	8	3
1	4	2	6	8	5	9	3	7
9	7	8	3	1	4	6	2	5
5	6	3	7	9	2	4	1	8

332

2	9	8	7	3	6	1	4	5
7	4	3	9	5	1	8	6	2
1	6	5	4	8	2	9	3	7
5	2	6	3	1	8	4	7	9
8	7	1	2	9	4	6	5	3
9	3	4	6	7	5	2	8	1
6	1	9	5	4	7	3	2	8
3	5	2	8	6	9	7	1	4
4	8	7	1	2	3	5	9	6

333

1	9	3	6	4	7	8	2	5
5	8	7	3	9	2	1	4	6
2	6	4	5	1	8	3	7	9
8	2	5	4	3	1	6	9	7
9	4	6	7	8	5	2	3	1
3	7	1	2	6	9	5	8	4
7	1	9	8	2	6	4	5	3
4	5	8	1	7	3	9	6	2
6	3	2	9	5	4	7	1	8

334

9	4	3	2	5	1	7	6	8
7	1	2	8	6	4	9	3	5
5	8	6	7	3	9	1	4	2
1	6	5	4	9	3	8	2	7
2	7	4	6	8	5	3	1	9
8	3	9	1	7	2	4	5	6
4	9	7	3	2	6	5	8	1
3	2	8	5	1	7	6	9	4
6	5	1	9	4	8	2	7	3

335

8	7	1	5	3	9	6	4	2
4	3	5	2	7	6	1	8	9
9	6	2	1	8	4	7	5	3
1	8	6	9	5	3	4	2	7
3	5	7	4	6	2	8	9	1
2	4	9	8	1	7	3	6	5
7	2	4	6	9	1	5	3	8
5	9	3	7	4	8	2	1	6
6	1	8	3	2	5	9	7	4

336

4	8	6	2	5	7	3	1	9
1	5	7	9	4	3	8	6	2
3	9	2	1	6	8	4	5	7
6	7	3	8	9	2	1	4	5
9	4	5	3	1	6	2	7	8
8	2	1	5	7	4	9	3	6
2	6	9	4	3	5	7	8	1
5	3	8	7	2	1	6	9	4
7	1	4	6	8	9	5	2	3

337

7	6	4	3	5	1	8	2	9
3	5	8	2	9	6	4	7	1
9	1	2	7	8	4	5	3	6
4	9	5	6	2	8	7	1	3
8	3	6	5	1	7	2	9	4
1	2	7	9	4	3	6	5	8
2	7	1	8	6	9	3	4	5
6	4	3	1	7	5	9	8	2
5	8	9	4	3	2	1	6	7

338

6	3	9	1	4	2	7	5	8
8	2	7	6	3	5	9	1	4
5	4	1	9	7	8	6	2	3
9	1	4	2	8	6	3	7	5
3	7	8	5	9	4	1	6	2
2	6	5	3	1	7	8	4	9
4	8	3	7	5	1	2	9	6
7	9	2	4	6	3	5	8	1
1	5	6	8	2	9	4	3	7

339

9	8	5	7	4	6	1	3	2
7	4	1	8	2	3	6	9	5
3	2	6	5	9	1	4	7	8
8	1	3	4	7	9	2	5	6
4	6	9	2	1	5	7	8	3
2	5	7	3	6	8	9	4	1
6	3	4	1	5	7	8	2	9
5	9	2	6	8	4	3	1	7
1	7	8	9	3	2	5	6	4

340

4	2	1	3	5	6	9	7	8
6	9	5	8	7	4	2	3	1
8	7	3	2	9	1	4	6	5
2	4	9	1	3	7	8	5	6
1	5	6	9	2	8	3	4	7
7	3	8	6	4	5	1	2	9
5	8	7	4	1	2	6	9	3
3	6	2	5	8	9	7	1	4
9	1	4	7	6	3	5	8	2

341

2	4	6	9	3	5	7	1	8
8	1	5	7	6	2	4	3	9
7	9	3	1	8	4	6	5	2
1	6	2	8	7	3	9	4	5
4	8	7	5	2	9	1	6	3
3	5	9	6	4	1	8	2	7
5	7	1	2	9	6	3	8	4
6	3	8	4	5	7	2	9	1
9	2	4	3	1	8	5	7	6

342

6	3	8	9	7	1	2	5	4
5	2	1	8	4	3	9	6	7
7	4	9	2	6	5	1	8	3
3	5	2	7	1	6	4	9	8
4	1	6	5	8	9	3	7	2
8	9	7	4	3	2	5	1	6
9	6	3	1	2	7	8	4	5
1	7	4	3	5	8	6	2	9
2	8	5	6	9	4	7	3	1

343

3	7	6	4	2	5	8	9	1
9	2	4	1	3	8	6	7	5
1	5	8	7	9	6	3	4	2
4	8	2	9	7	1	5	3	6
5	1	3	8	6	4	7	2	9
7	6	9	2	5	3	1	8	4
8	3	1	5	4	9	2	6	7
2	9	5	6	8	7	4	1	3
6	4	7	3	1	2	9	5	8

344

7	1	8	3	5	2	6	4	9
5	9	3	4	8	6	7	1	2
4	6	2	1	7	9	3	5	8
3	8	7	5	6	4	2	9	1
9	4	1	2	3	8	5	7	6
6	2	5	7	9	1	8	3	4
1	5	4	8	2	7	9	6	3
8	7	6	9	1	3	4	2	5
2	3	9	6	4	5	1	8	7

345

4	2	1	8	6	3	9	7	5
6	9	3	4	7	5	1	2	8
5	7	8	9	2	1	6	3	4
9	6	7	1	4	2	5	8	3
8	5	4	7	3	9	2	6	1
3	1	2	6	5	8	4	9	7
2	3	9	5	1	7	8	4	6
7	4	5	2	8	6	3	1	9
1	8	6	3	9	4	7	5	2

346

5	8	3	9	6	7	1	2	4
1	7	2	3	5	4	9	8	6
4	6	9	1	2	8	5	7	3
6	9	1	4	8	2	7	3	5
8	3	5	7	1	9	4	6	2
7	2	4	6	3	5	8	1	9
9	1	6	5	7	3	2	4	8
2	4	7	8	9	6	3	5	1
3	5	8	2	4	1	6	9	7

347

5	3	7	8	4	9	6	2	1
4	8	6	3	1	2	5	7	9
1	9	2	5	7	6	8	4	3
2	4	8	1	9	7	3	5	6
9	7	1	6	3	5	2	8	4
6	5	3	4	2	8	1	9	7
8	1	5	7	6	4	9	3	2
7	6	9	2	8	3	4	1	5
3	2	4	9	5	1	7	6	8

348

7	2	8	3	1	5	9	4	6
9	3	5	4	6	8	2	7	1
1	4	6	2	9	7	3	5	8
8	7	2	9	4	3	6	1	5
4	6	3	5	2	1	7	8	9
5	9	1	8	7	6	4	3	2
2	8	4	7	5	9	1	6	3
6	5	9	1	3	4	8	2	7
3	1	7	6	8	2	5	9	4

349

9	2	4	8	3	7	1	6	5
3	1	5	4	9	6	2	8	7
6	8	7	5	2	1	4	3	9
8	4	1	7	5	2	6	9	3
5	6	9	3	4	8	7	2	1
7	3	2	1	6	9	5	4	8
4	5	8	2	7	3	9	1	6
1	7	6	9	8	4	3	5	2
2	9	3	6	1	5	8	7	4

350

4	2	6	7	8	3	5	1	9
9	5	3	6	1	2	4	8	7
1	7	8	9	4	5	2	6	3
6	3	4	5	7	1	9	2	8
8	9	5	2	6	4	3	7	1
7	1	2	3	9	8	6	4	5
2	6	1	8	5	9	7	3	4
3	8	9	4	2	7	1	5	6
5	4	7	1	3	6	8	9	2

351

6	4	5	7	9	3	1	2	8
3	9	1	8	6	2	7	4	5
7	2	8	5	1	4	3	6	9
9	8	6	3	7	1	4	5	2
5	7	3	4	2	8	6	9	1
2	1	4	6	5	9	8	3	7
4	5	7	9	8	6	2	1	3
1	3	9	2	4	7	5	8	6
8	6	2	1	3	5	9	7	4

352

2	6	7	4	5	9	3	8	1
8	4	1	2	3	7	5	9	6
9	3	5	6	8	1	2	4	7
4	9	8	3	7	2	1	6	5
1	7	6	5	4	8	9	3	2
5	2	3	1	9	6	4	7	8
3	1	9	7	6	5	8	2	4
7	5	4	8	2	3	6	1	9
6	8	2	9	1	4	7	5	3

353

5	4	6	9	1	3	7	8	2
1	2	7	4	8	5	6	3	9
8	9	3	6	2	7	1	5	4
6	3	9	5	4	2	8	1	7
4	5	1	7	3	8	9	2	6
2	7	8	1	9	6	5	4	3
3	1	2	8	7	9	4	6	5
9	6	4	3	5	1	2	7	8
7	8	5	2	6	4	3	9	1

354

6	2	9	3	8	4	5	1	7
8	4	3	5	1	7	9	6	2
5	1	7	9	6	2	4	8	3
9	6	4	7	3	1	2	5	8
1	3	8	2	4	5	6	7	9
7	5	2	8	9	6	3	4	1
4	7	5	1	2	9	8	3	6
3	9	6	4	7	8	1	2	5
2	8	1	6	5	3	7	9	4

355

4	6	1	8	5	3	9	7	2
5	3	7	2	1	9	4	8	6
2	9	8	7	4	6	3	5	1
7	1	6	9	2	8	5	4	3
8	4	9	3	6	5	1	2	7
3	5	2	4	7	1	6	9	8
9	8	5	1	3	7	2	6	4
1	7	4	6	9	2	8	3	5
6	2	3	5	8	4	7	1	9

356

4	5	2	8	9	1	3	6	7
9	7	1	5	6	3	2	8	4
3	8	6	2	7	4	9	5	1
6	3	9	1	5	8	4	7	2
1	4	8	7	2	6	5	9	3
7	2	5	4	3	9	6	1	8
8	6	3	9	4	7	1	2	5
2	1	4	6	8	5	7	3	9
5	9	7	3	1	2	8	4	6

357

2	5	4	1	8	3	9	7	6
3	7	1	2	9	6	4	5	8
8	6	9	4	7	5	3	2	1
6	9	3	5	2	7	1	8	4
4	2	8	6	3	1	7	9	5
7	1	5	9	4	8	6	3	2
5	3	7	8	6	4	2	1	9
9	8	6	7	1	2	5	4	3
1	4	2	3	5	9	8	6	7

358

7	3	2	9	1	8	6	5	4
9	5	6	4	3	7	2	1	8
1	4	8	6	2	5	3	7	9
5	7	3	8	4	1	9	6	2
2	6	1	7	9	3	8	4	5
4	8	9	5	6	2	7	3	1
3	2	5	1	8	6	4	9	7
8	9	7	3	5	4	1	2	6
6	1	4	2	7	9	5	8	3

359

6	4	3	5	7	9	2	1	8
8	5	1	4	2	6	3	9	7
2	7	9	1	8	3	5	6	4
1	3	8	6	4	5	9	7	2
5	9	2	7	3	1	8	4	6
4	6	7	2	9	8	1	5	3
3	1	4	8	5	7	6	2	9
7	8	6	9	1	2	4	3	5
9	2	5	3	6	4	7	8	1

360

9	1	2	8	5	7	4	6	3
3	8	5	6	9	4	7	1	2
7	4	6	1	3	2	9	5	8
8	5	1	2	7	3	6	4	9
2	3	7	9	4	6	5	8	1
6	9	4	5	1	8	3	2	7
5	7	8	3	6	1	2	9	4
4	2	9	7	8	5	1	3	6
1	6	3	4	2	9	8	7	5

361

9	5	4	3	6	8	7	2	1
8	7	2	9	4	1	5	3	6
6	1	3	7	2	5	9	8	4
4	8	1	6	9	3	2	5	7
2	6	5	8	7	4	1	9	3
3	9	7	1	5	2	6	4	8
7	2	9	4	8	6	3	1	5
1	4	6	5	3	9	8	7	2
5	3	8	2	1	7	4	6	9

362

7	1	8	4	5	9	2	3	6
6	2	9	3	1	7	5	8	4
5	4	3	6	2	8	7	9	1
2	6	1	8	9	3	4	7	5
3	8	4	1	7	5	9	6	2
9	7	5	2	6	4	3	1	8
4	5	6	9	3	1	8	2	7
1	9	7	5	8	2	6	4	3
8	3	2	7	4	6	1	5	9

363

2	5	1	4	9	6	8	3	7
6	8	9	3	7	1	4	2	5
3	4	7	5	8	2	1	6	9
1	9	2	6	3	4	7	5	8
7	6	5	2	1	8	9	4	3
4	3	8	9	5	7	2	1	6
9	2	3	8	4	5	6	7	1
8	7	4	1	6	3	5	9	2
5	1	6	7	2	9	3	8	4

364

6	1	8	2	3	5	4	9	7
5	2	9	1	4	7	8	3	6
4	7	3	6	8	9	2	1	5
9	5	7	4	2	1	6	8	3
3	8	2	7	5	6	9	4	1
1	6	4	3	9	8	7	5	2
8	9	1	5	7	2	3	6	4
2	4	6	8	1	3	5	7	9
7	3	5	9	6	4	1	2	8

365

3	6	2	9	7	8	4	1	5
1	9	5	6	3	4	8	7	2
7	4	8	5	1	2	3	9	6
6	5	9	2	8	3	1	4	7
4	8	1	7	6	5	2	3	9
2	3	7	1	4	9	6	5	8
5	1	6	3	2	7	9	8	4
9	2	4	8	5	1	7	6	3
8	7	3	4	9	6	5	2	1